LEVEN MET MOSLIMS

Cursusboek

*Een cursus om christenen te helpen
hun leven met moslims te delen*

Bert de Ruiter

VTR

„Sharing Lives" is een product van Operatie Mobilisatie.
http://www.sharinglives.eu

© Bert de Ruiter, 2016

Bibliographic information published by the Deutsche Nationalbibliothek
The Deutsche Nationalbibliothek lists this publication in the Deutsche Nationalbibliografie; detailed bibliographic data are available on the Internet at http://dnb.dnb.de.

ISBN 978-3-95776-203-0 (VTR)
ISBN 978-3-902669-28-5 (OM)

VTR, Gogolstr. 33, 90475 Nürnberg, Duitsland
http://www.vtr-online.com

The contact details of your local OM office you find at
http://www.nl.om.org (OM Nederland)
http://www.be.om.org (OM België)

Belgische Evangelische Zending
http://www.bez.be

De bijbelverzen zijn ontleend aan de vertaling van het Nederlands Bijbelgenootschap (1951).

Vertaling uit het Engels: L. van Breugel en W. Mesker

Voorwoord

In heel Europa wonen christenen en moslims in elkaars nabijheid. Ze passeren elkaar in de straten, staan naast elkaar te wachten op de bus, wonen in hetzelfde wooncomplex, zitten naast elkaar in de bedrijfskantines of in het klaslokaal. Desondanks zijn ze vreemden voor elkaar.

Wat belemmert christenen om hun leven met moslims te delen? We hoeven niet naar de andere kant van de wereld te reizen om moslims te ontmoeten, maar hoeven alleen de straat over te steken. Maar wat weerhoudt ons om dit te doen?

Ondertussen is de islam een veelbesproken onderwerp in de media. Ook veel christenen praten over moslims die kerken verbranden, christenen vervolgen, met vliegtuigen kantoorgebouwen binnenvliegen, mensen gijzelen etc. Lange tijd vonden deze gebeurtenissen plaats ver bij ons vandaan. Maar de laatste jaren plegen extremistische moslims ook terreurdaden in Europa. Veel mensen zijn van mening dat moslims zich niet willen aanpassen aan de "christelijke" normen en waarden in Europa, en in plaats daarvan hun eigen rechten willen laten gelden.

Onderzoek heeft aangetoond dat angst de grootste factor is die christenen ervan weerhoudt hun leven met moslims te delen.

De cursus Leven met Moslims is ontwikkeld om christenen in Europa te helpen hun negatieve houding van angst, vooroordelen en achterdocht voor de islam en de moslims te overwinnen en te leren reageren met genade en hun leven te delen met moslims.

De naam van de cursus is genomen uit 1 Thessalonicenzen 2:8, waar de apostel Paulus schrijft:

"Zo waren wij, in onze grote genegenheid voor u, bereid u niet alleen het evangelie Gods, maar ook ons eigen leven mede te delen, daarom, dat gij ons lief geworden waart."

LEVEN MET MOSLIMS   VOORWOORD

Dit vers is een voorbeeld van het zijn van een geloofsgetuige, waarin het delen van het Evangelie en het delen van ons leven zijn geïntegreerd.

De belangrijkste doelstelling van de cursus Leven met Moslims is christenen te helpen hun houding tegenover de islam en moslims te veranderen van angst naar genade en hen aan te moedigen betekenisvolle relaties met moslims te ontwikkelen in hun buurt teneinde hun leven en het Evangelie van Jezus Christus met hen te delen.

De cursus wil christenen stimuleren om hun leven met moslims te delen in vijf stappen. Elke stap wordt behandeld in één les:

1) Onze kijk op moslims
2) Moslims met genade tegemoet treden
3) Moslims begrijpen
4) Met moslims in gesprek
5) Relaties opbouwen met moslims

Naast dit cursusboek is er ook een trainershandboek en aanvullende informatie die kan worden gebruikt tijdens de cursus (bijv. Powerpoints en filmfragmenten). Op de website www.sharinglives.eu vindt u meer informatie.

Dr. Bert de Ruiter
Amsterdam

LES 1 LEVEN MET MOSLIMS

LES 1:
ONZE KIJK OP MOSLIMS

Doel van deze les: Nadenken over onze houding ten aanzien van Islam en moslims in het licht van de Bijbel.

> **Opdracht**
>
> **Neem het werkblad en beantwoord daarop de volgende vragen:**
>
> **Welke woorden, gedachten, beelden komen bij je op wanneer je het woord Islam of moslim hoort?**
> **Maak de volgende zinnen af:**
> „Ten aanzien van islam denk ik dat over 20 jaar …"
> „Ten aanzien van islam, zou ik graag willen dat …"
> **Bespreek daarna in de groep over wat u heeft opgeschreven.**

1   Inleiding

In Mattheus 28: 18-20 lezen we de volgende woorden die de opgestane Heer Jezus tot zijn apostelen sprak:

"Mij is gegeven alle macht in de hemel en op de aarde. Gaat dan henen, maakt al de volken tot mijn discipelen en doopt hen in de naam des Vaders en des Zoons en des Heiligen Geestes en leert hen onderhouden al wat Ik u bevolen heb. En zie, Ik ben met u al de dagen tot aan de voleinding der wereld."

Deze zendingsopdracht is nog steeds actueel. De Here Jezus Christus wil nog steeds alle volken der aarde tot Zijn discipelen maken. Dit betreft ook de moslims in onze omgeving. De Heer van de Kerk roept Zijn kerk, en de leden van de kerk, op om mensen tot Zijn discipelen te maken.

Door de eeuwen heen heeft God mensen gebruikt om anderen tot Hem te brengen. Maar Hij had soms van doen met onwillige medewerkers, zoals we zien bij Jona.

LEVEN MET MOSLIMS   LES 1

2 Jona's reactie op Gods roeping

"Het woord des HEREN kwam tot Jona, de zoon van Amittai: Maak u op, ga naar Nineve, de grote stad, en predik tegen haar, want haar boosheid is opgestegen voor Mijn Aangezicht. Maar Jona maakte zich op om te vluchten naar Tarsis, weg van het Aangezicht des HEREN...."(Jona 1: 1-3a, NBG)

Hier zien we Gods bewogenheid voor de heidenen, zelfs voor de vijanden van Israël. God wist wie de Ninevieten waren en wat ze hadden gedaan. Ze verdienden Zijn veroordeling en straf voor hun zonden. Maar in plaats van hen meteen te straffen, wil Hij hen nog een gelegenheid geven zich te bekeren, zodat Hij hen kan vergeven. God beleeft meer genoegen aan vergeven dan aan straffen.

In de Bijbel wil God vaak Zijn kinderen gebruiken om Zijn plan met de wereld uit te voeren. Hij wil Jona gebruiken om Zijn bedoelingen met Nineve te realiseren. We zien echter dat Jona niet bereid is om deze taak op zich te nemen.

Om een beter begrip te krijgen van wat God aan Jona vroeg en van de reactie van Jona daarop, helpt het ons om wat meer van Nineve te weten.

a Achtergrond bij Nineve

Volgens Genesis 10: 8-11, werd Nineve (gelegen in het huidige Irak) gebouwd door Nimrod, de eerste machthebber op de aarde. In Jona's tijd was Nineve de hoofdstad van het Assyrische Rijk, een wereldmacht, die van de 9^e tot de 7^e eeuw voor Christus grote invloed had in de toenmalige wereld. Het waren de Assyriërs die in 722 voor Christus een einde maakten aan het tienstammenrijk van Israël en een groot deel van de bevolking in ballingschap wegvoerden en andere volken (die later als 'Samaritanen' door het leven gingen) in hun gebied lieten wonen. Het wordt als één van de bloeddorstigste en wreedste rijken ooit beschouwd.

LES 1 LEVEN MET MOSLIMS

In de annalen van hun geschiedenis spreken ze vol trots over de grote Pyramides die ze bouwden van de schedels van hun overwonnen vijanden.

In Nahum 3:1-4 beschrijft de profeet Nineve als volgt:

"Wee de bloedstad, louter leugen, vol van verscheuring, zonder ophouden rovend....".

Tegen deze achtergrond kunnen we begrijpen dat de Israëlieten met achterdocht, wantrouwen, angst en liefdeloosheid naar de Assyriërs keken. We kunnen nu misschien ook beter begrijpen waarom Jona geen gehoor gaf aan Gods roeping om naar Nineve te gaan.

> **Gespreksvragen**
>
> **Hoe zou u gereageerd hebben als u in Jona's schoenen had gestaan?**
>
> **Hebben wij vandaag de dag nog last van het 'Jona syndroom'? Zo ja, op welke manier?**

3   *Islam: ons Nineve?*

Het angstaanjagende Assyrische Rijk bestaat niet meer. De grote stad Nineve is niet meer dan een dorpje in Irak. Andere wereldmachten en andere mensen hebben hun plaats ingenomen. Voor veel christenen is dat de Islam. Ze zien de agressie van moslimextremisten, horen islamitische geestelijke leiders uitspraken doen die hen met angst vervullen en staan achterdochtig tegenover de bedoelingen van de moslims die in ons land zijn komen wonen.

Eén van de belangrijkste obstakels in het delen van ons leven met moslims is onze eigen houding. De houding van veel christenen t.o.v. Islam en moslims is er één van angst, vooroordeel, gevoel van bedreiging, achterdocht voor moslims en de Islam.

Cursusboek LEVEN MET MOSLIMS

LEVEN MET MOSLIMS　　　　　　　　　　　　　LES 1

4   Omgaan met angst voor Islam

Angst is een normaal onderdeel van onze menselijke natuur. Angst is een door God geschapen emotie. Het kan functioneren als signaal om te waarschuwen, wanneer gevaar dreigt. Gezonde angst is een beschermingsmechanisme tegen gevaar. Niet alle angst is verkeerd. Ook Jezus uitte Zijn angst in Gethsemané. Er bestaat echter een ongezonde angst. Vaak blijkt dat zaken of situaties waar we bang voor zijn, nooit plaatsvinden. Een oud Nederlands spreekwoord zegt: "De mens lijdt het meest door het lijden dat hij vreest doch dat nooit op zal dagen. Zo heeft men meer te dragen, dan God te dragen geeft."

F – false
E – evidence
A – appearing
R – real

We zouden vrees kunnen omschrijven als:
Valse **R**ealiteit di**E E**cht **S**chijnt

Vrees (angst) vervormt dikwijls onze realiteitszin. Angst verdraait onze kijk op onszelf, zodat we zwakker lijken dan we in werkelijkheid zijn.

Het vervormt de omvang van onze problemen en de kracht van wie we aannemen dat ze onze vijanden zijn, zodat ze reusachtig en onoverwinnelijk lijken te zijn. Maar misschien het meest belangrijke nog is dat angst ons beeld van God vervormt. God lijkt zwak, niet betrokken en ongevoelig midden in onze problemen.

Het verschil tussen reële angst voor de gevaren van de wereld en de angst die ons gijzelt en zelfs God beschuldigt, heeft te maken met voor *wat* en voor *wie* we angst hebben, en *waarheen* deze angst ons stuurt. Leidt onze angst ertoe om onszelf te beschermen of drijft het ons naar God, onze Beschermer? In Spreuken 29:25 lezen we: *"Vrees voor mensen spant een strik, maar wie op de HERE vertrouwt, is onaantastbaar."*

Angst kan een wapen zijn in de handen van Satan om te voorkomen dat Gods kinderen worden zoals God hen bedoeld heeft of te doen wat God van hen vraagt.

LES 1 **LEVEN MET MOSLIMS**

Het gebod "Vrees niet" is één van de meest voorkomende opdrachten in de Bijbel. Dit geeft enerzijds aan dat vrees en bezorgdheid veel voor komt onder gelovigen, maar anderzijds dat het iets is dat geen deel uit hoeft te maken van het leven van een volgeling van Jezus Christus. David brengt deze paradox als volgt onder woorden:

"Ten dage dat ik vrees, vertrouw ik op U; op God wiens woord ik prijs. Op God vertrouw ik, ik vrees niet; wat zou vlees mij aandoen?" (Psalm 56: 4,5)

Eén manier om met onze angst om te gaan is om meer te weten te komen over datgene of diegene die ons angst inboezemt.

In de context van deze studie waarin het gaat om de angst voor Islam en moslims is het b.v. goed om meer te leren over hoe moslims hun geloof beleven en op welke manier de Islam gestalte krijgt in Europa. We zullen daar in les drie van deze cursus naar kijken.

Een andere belangrijke stap om om te gaan met onze angst is om het serieus te nemen:

"Wanneer onze ogen worden vertroebeld onder invloed van angst, hoe krijgen we dan onze oriëntatie terug? Hoe kunnen we ons zicht op de realiteit weer herstellen, terwijl de bedreigingen zo echt lijken en de gevaren zo aanwezig? Het antwoord komt neer op: 'je angst te voelen'. Als je je angst ontkent, wordt het donker en destructief. In plaats daarvan, laat het u achtervolgen, zonder te proberen het weg te wuiven door het reciteren van vrome gemeenplaatsen of door op te gaan in drukke bezigheden. Door de confrontatie met de angst aan te gaan, open je je hart. Angst maakt duidelijk wie (en wat) we dienen. Het kan worden ingedeeld in twee categorieën: Angst voor de wereld en de vrees voor God"[1]

De meeste van onze angsten komen voort uit een verlangen om plezier te hebben, eer, zingeving, zekerheid en geluk in een wereld, die

---

[1] Dan. B. Allender & Tremper Longman III, *The Cry of the Soul, how our emotions reveal our deepest questions, about God* (Colorado Springs: NavPress, 1994), 99.

ons veel vaker, schaamte, wanorde en verdriet schenkt. Angst voor de wereld is de angst voor wat het leven – voor wat anderen - ons mogelijkerwijs kunnen aandoen.

We kunnen met de angst in ons leven omgaan door de realiteit die ons angst inboezemt te zetten naast een andere realiteit, namelijk die van God, onze Schepper en in Christus, onze Vader.

Dit is één van de lessen die we kunnen leren van Jesaja 40-54, een Bijbelgedeelte dat zich afspeelt in een tijd die veel op de onze lijkt.

5 Achtergrond bij Jesaja 40-54

In de hoofdstukken Jesaja 40-54 lezen we de profetieën van Jesaja over één van de zwartste periodes in de geschiedenis van het volk Israël. Het tienstammenrijk was gedeporteerd naar Assyrië en het twee-stammenrijk zou hetzelfde lot ondergaan, zij het door een andere wereldmacht, namelijk Babel.

Deze hoofdstukken zijn woorden van God, gesproken tot een volk in een moeilijke tijd.

Het volk is in ballingschap, de tempel en de stad Jeruzalem zijn verwoest en de Israëlieten wonen verspreid over vele landen. Andere koningen en machten en andere goden hadden het voor het zeggen gekregen.

Voorbij waren de gloriedagen van weleer. Geen tempel meer, geen eigen land meer, geen identiteit meer. De mensen waren ontmoedigd, terneergeslagen, en dachten dat God hen verlaten had. Ze zeiden tegen elkaar:

"Mijn weg is voor de HERE verborgen en mijn recht gaat aan mijn God voorbij." (Jes. 40:27)

Maar Sion zegt: "De HERE heeft mij verlaten, de HERE heeft mij vergeten." (Jes.49:14)

De dagen van David en Salomo waren voorbij, de tijd dat ze een onafhankelijk en welvarend land waren. Ze hadden gedacht dat zolang de

LES 1 LEVEN MET MOSLIMS

tempel in Jeruzalem zou zijn, ze veilig zouden zijn, maar nu was de tempel verwoest. Ze worden omschreven als

"...Een volk, beroofd en uitgeplunderd; men heeft hen allen in kerkerholen geboeid, in gevangenissen zijn zij weggeborgen; zij werden ten roof en er was geen redder; tot plundering en er was niemand die zeide: Geef terug."(Jes. 42:22).

De mensen waren teleurgesteld in God en dachten dat God geen oog meer voor hen had, dat Hij niets aan hun omstandigheden kon of wilde doen. Ze hadden geen verwachting meer van God. Ze waren ontmoedigd, onzeker en bang. Het zingen uit vroeger tijd was voorbij. Het ene lied dat ze zingen is een verdrietig lied:

"Aan Babels stromen, daar zaten wij, ook weenden wij, als wij Sion gedachten. Aan de wilgen aldaar hingen wij onze citers; want daar begeerden zij die ons gevangen hielden, van ons een lied, en zij die ons mishandelden, vreugdebetoon: Zingt ons een der liederen van Sion. Hoe zouden wij des HEREN lied zingen op vreemde grond?"(Psalm 137:1-4).

De mensen waren ervan overtuigd dat de kracht van God beperkt was tot de landsgrenzen van het Beloofde Land.

Over deze donkere tijd in de geschiedenis van Israël, spreekt de profeet Jesaja, namens God, woorden van troost en hij doet dit door het volk voor te houden niet bang te zijn (zie b.v. Jes. 40:9; 41;10, 14; 43:1, 5; 44:2, 8; 51:7, 12; 54:4, 14).

God wilde het volk helpen hun vrees te overwinnen door hen op Zichzelf te wijzen:

"... vrees niet: zeg tot de steden van Juda: Zie, hier is uw God!" (Jes. 40:9).

God troost zijn volk door hen meer van Zichzelf te openbaren:

"Ik, Ik ben het, die u troost. Wie zijt gij, dat gij bevreesd zijt ... dat gij vergeet de HERE, uw Maker... dat gij bestendig de gehele dag, verschrikt zijt ..." (Jes. 51:12,13)

LEVEN MET MOSLIMS — LES 1

In dit gedeelte van de Bijbel dat begint met de woorden: "Troost, troost, mijn volk, zegt uw God." (Jes. 40:1) en eindigt met de woorden: "Elk wapen dat tegen u gesmeed wordt, zal niets uitrichten, en elke tong, die zich voor het gericht tegen u keert, zult gij in het ongelijk stellen.."(Jes. 54:17), leren we verschillende zaken die ons helpen met onze angst, inclusief onze angst voor de Islam en moslims, om te gaan.

A   God belooft om bij ons te zijn - wat er ook gebeurt

"Vrees niet, want Ik ben met u" (Jes. 41:10)

Eén van de redenen waarom Gods volk niet hoeft te vrezen, ongeacht de omstandigheden waarin ze verkeren, is dat God beloofd heeft met hen te zijn. God zal bij ons zijn (Jes. 41:10; 43:5). Hij zal ons niet verlaten en Hij zal ons niet vergeten (Jes. 41:17; 42:16). Dit 'God met ons' is geen garantie voor een probleemloos leven. Maar het betekent wel dat als er moeilijkheden en zorgen zijn, niets ons werkelijk schade kan doen. *"Vrees niet….wanneer gij door het water trekt, ben Ik met u…. "* (Jes. 43:1,2). Gods aanwezigheid troost ons in moeilijke omstandigheden.

B   Gods plan gaat door - wat er ook gebeurt

"Ik, die van den beginne de afloop verkondig en vanouds wat nog niet geschied is; die zeg: Mijn raadsbesluit zal volbracht worden en Ik zal al mijn welbehagen doen … Ik heb het gesproken, Ik doe het ook komen; Ik heb het ontworpen, Ik breng het ook tot uitvoering." (46:10, 11)

In zijn verlangen om Zijn volk te troosten en hun angsten te overwinnen, wil God dat we ons realiseren Wie Hij is:

B.1   Hij is de almachtige Schepper

"Ik, Ik ben het, die u troost. Wie zijt gij, dat gij bevreesd zijt voor een sterfelijk mens, voor een mensenkind, dat als gras wordt weggeworpen; dat gij vergeet de HERE, uw Maker, die de hemel uitspande en de aarde grondvestte; …"(Jes. 51: 12, 13).

LES 1   LEVEN MET MOSLIMS

In bange tijden, wanneer het om ons heen stormt en de fundamenten van ons leven lijken weggeslagen te worden, wil God dat we beseffen dat Hij de soevereine Schepper is. Onze God is de Schepper die alles gemaakt heeft (Jes. 44:24; 48:13; 51:16). Hij weegt en meet (Jes. 40:12) hemel en aarde, oceanen en bergen (40:12), bossen en dieren (40:16), sterren en planeten (40:26), maar ook volken en landen (40:15).

Alle mensen, inclusief machthebbers, hebben hun bestaan aan Hem te danken (42:5). Hij heeft de hemel en de aarde met een bepaald doel geschapen (45:18). Hij, de soevereine Schepper, heeft niemands hulp nodig (40:13, 14; 44:24). We kunnen Zijn macht, wijsheid en bedoelingen vertrouwen, ook al begrijpen we deze niet altijd.

Mensen en machten, die ons kunnen intimideren en beangstigen, zijn niet meer dan een druppel aan een emmer (40:15), of een stofje aan een weegschaal (40:15), als sprinkhanen (40:22) of klei (45:9) in de handen van de soevereine Schepper.

B.2 Hij is de Rechter van de hele aarde

„Hoort Mij zwijgend aan, gij kustlanden, en laten de natiën nieuwe kracht putten; laten zij toetreden en dan spreken; laten wij tezamen in het gericht gaan."(41:1)

God roept de volken en hun afgoden ter verantwoording (Jes. 41: 21-24). Jesaja schetst ons het beeld van een rechtvaardige God die alle naties en hun mensen oproept voor Zijn rechtbank te verschijnen (Jes. 43: 9-21). God is de Rechter van de hele aarde. God is toegewijd aan rechtvaardigheid. Zijn recht zal een licht der volken worden (51:5) en Zijn arm zal rechtvaardigheid brengen aan de volken (51:5) en Zijn gerechtigheid wordt niet verbroken (51:6).

Zelfs wanneer op dit moment onrecht en onrechtvaardigheid lijkt te zegevieren, mogen we bedenken dat er een dag komt dat God, de Rechter van de gehele aarde de zaak recht zal zetten. Er zal een tijd komen waarop elke knie voor Hem zal buigen en Zijn heerschappij zal erkennen (45:23). De zekerheid van Gods rechtvaardig oordeel aan het einde van de tijden stelt ons in staat om in de tussenliggende periode het recht niet in eigen hand te nemen.

B.3   Hij is de Heerser van alle heersers

"Wie heeft hem uit het oosten verwekt, die bij elke schrede de zege ontmoet? Wie levert volken aan hem over en doet hem koningen vertreden, wiens zwaard hen maakt tot stof, wiens boog hen maakt tot dwarrelende stoppels? " (41:2, 3)

God vernedert de machtigen der aarde die zo indrukwekkend lijken en zoveel schade kunnen toebrengen (Jes. 40:23). Hij gebruikt de politieke leiders, die denken hun dromen te realiseren, om Zijn plan, en eeuwige bedoelingen uit te voeren (Jes. 41:25-29; 44:28; 45:1-13).

God noemt de Perzische machthebber Kores, die veel militaire successen boekte, 'Mijn gezalfde' (45:1) en 'Mijn herder, die al Mijn welbehagen zal volvoeren' (44:28).

B.4   Hij is de Eerste en de Laatste

„Wie heeft dit bewerkt en tot stand gebracht? Hij, die de geslachten van de aanvang af heeft geroepen; Ik, de HERE, die de eerste ben, en bij de laatsten ben Ik dezelfde." (41:4; cf.43:10; 44: 6; 48:12)

God heeft de controle over de menselijke geschiedenis. Hij is de eerste. Hij was er voordat er iets of iemand anders bestond en alles heeft zijn bestaan aan Hem te danken. Hij is de enige Ongeschapene. Hij is eeuwig (40:28). En Hij zal er ook zijn bij het einde van de tijden, wanneer alles is volbracht in overeenstemming met Zijn eeuwige bedoelingen. Hij kent het einde vanaf het begin (44:7; 46:10; 48:3) en de toekomst is in Zijn hand. (45:11).

De menselijke geschiedenis bestaat niet uit een aaneenschakeling van willekeurige gebeurtenissen, maar voltrekt zich naar het plan van God. Dat God de Eerste en de Laatste is betekent ook dat Hij de macht heeft over alles daar tussenin. Het feit dat Hij Zich de Eerste en de

LES 1 LEVEN MET MOSLIMS

Laatste noemt betekent ook dat Hij de Enige autoriteit is, de enige Verlosser, zoals Hij Zelf zegt (43:11, 44:8; 44:24; 45:5, 6, 18, 21, 22; 46:9, 10). Het is daarom niet zonder betekenis dat in het boek Openbaring Jezus zich de Eerste en de Laatste noemt. (Openb.1:17; 22:13).

> **Gesprekvragen**
>
> - We hebben gezien dat God de Heer van de geschiedenis is. Wat zegt dat over het ontstaan van de Islam?
> - Hoe moeten we in het licht van Gods soevereiniteit aankijken tegen extremistische moslims en groeperingen als de Taliban en Al-Qaeda? Kunnen mensen van deze groeperingen door God gebruikt worden om Zijn plannen uit te voeren? En zo ja, welke plannen kunnen dat zijn?
> - Hoe verhoudt zich de soevereiniteit van God met de komst van duizenden moslims naar Nederland in het licht van Hand. 17: 26,27: *"Hij heeft uit één enkele het gehele menselijke geslacht gemaakt om op de ganse oppervlakte van de aarde te wonen en Hij heeft de hun toegemeten tijden en de grenzen van hun woonplaatsen bepaald, opdat zij God zouden zoeken, of zij Hem al tastende vinden mochten..."*

C   God is toegewijd aan Zijn kinderen - wat er ook gebeurt

"Maar gij, Israël, mijn knecht, Jakob, die Ik verkoren heb, nakroost van mijn vriend Abraham, gij die Ik gegrepen heb van de einden der aarde en geroepen uit haar uithoeken, tot wie Ik zeide: Gij zijt mijn knecht, Ik heb u niet versmaad, vreest niet ..."(41:8, 9)

Vrees niet, want Ik heb u verlost, Ik heb u bij uw naam geroepen, gij zijt Mijn." (43:1)

In de tijd waarover Jesaja profeteerde dacht het volk dat het met hen gedaan was. Andere machten leken sterker en hun einde leek nabij. In deze tijd zijn christenen in Europa bang dat de kerk zal verdwijnen. Op

LEVEN MET MOSLIMS — LES 1

diverse plaatsen worden kerken omgebouwd tot moskeeën, en de invloed van het christendom in de samenleving lijkt steeds minder te worden. Tegen die achtergrond zijn de woorden van Jesaja nog steeds actueel.

Jesaja wijst Gods volk van zijn dagen en indirect ook de 21^e -eeuwse christenen in Europa erop dat Gods volk kostbaar is in Zijn ogen (Jes. 43:4) en dat ze in Zijn handpalmen staan gegrift (Jes. 49:16). God schaamt Zich niet Zich hun God (40:1; 43;3)), hun Verlosser (43:3), hun Heiland (43:14) en hun Koning (43:15) te noemen. Hij heeft Zijn reputatie aan hen verbonden (48:11; 43:7). Hij beschermt hen in tijden van nood (43:2; 54:17); Hij leidt hen als een Herder (40:11); Hij biedt hen Zijn hulp aan (40:13, 14); Hij sterkt hen (41:10); Hij troost hen (40:1; 51:12); Hij belooft hen een goede toekomst (42:14-16;43:5,6).

D Gods bedoelingen met zijn dienstknechten gaan via het kruis - wat er ook gebeurt

Gods belofte is om altijd bij ons te zijn. Dat wil niet zeggen dat Zijn volk geen zware tijden, vervolgingen, bedreiging en lijden meemaakt. Integendeel, uit dit gedeelte van Jesaja leren we ook dat lijden onlosmakelijk verbonden is met de vervulling van Gods eeuwige plannen.
In dit gedeelte van het boek Jesaja vinden we vier passages die gaan over de "Knecht des Heren" (42:1-9; 49:1-6, 50:4-9, 52:13-53:12). Elk gedeelte spreekt over een Knecht die een missie van zijn HERE gekregen heeft. Het grote werk van God ten behoeve van Israël en ten behoeve van de gehele wereld gebeurt door middel van deze Knecht. De houding en het werk van deze Knecht vindt haar vervulling in de persoon van Jezus Christus.

De Knecht des Heren bewerkt een terugkeer uit de ballingschap, wat niet alleen een geografische terugkeer is, maar bovenal een geestelijke vernieuwing. Het is door middel van deze Knecht dat Gods bedoelingen werkelijkheid zullen worden. Het is echter niet zonder betekenis dat in drie van de vier gedeelten waar over deze Knecht des Heren gesproken wordt, ook over lijden gesproken wordt. Wanneer de

LES 1 LEVEN MET MOSLIMS

Dienstknecht van God niet zonder lijden Gods bedoelingen kon bewerkstelligen, mogen we daaruit concluderen dat pijn, lijden, vervolging onlosmakelijk verbonden is met het volgen van Jezus.

6 De vreze des Heren helpt ons de angst voor mensen en omstandigheden te overwinnen

Wie onder u vreest de HERE, wie hoort naar de stem van zijn knecht? Wanneer hij in diepe duisternis wandelt, van licht beroofd, vertrouwe hij op de naam des HEREN en steune op Zijn God. (Jes. 50:10)

In dit gedeelte van de Bijbel, waarin God zijn bange volk troost door hen op Zichzelf te wijzen zegt Hij meer dan tien keer "Vreest niet". We worden aangespoord om niet bang te zijn voor mensen, wereldleiders, situaties, onze toekomst, tijden wanneer ons onrecht wordt aangedaan etc. Maar we worden ook aangemoedigd om te vrezen, namelijk om God te vrezen. De vrees voor de Heer zorgt ervoor dat angst voor mensen afneemt. De 'vreze des Heren' is in de Bijbel een term waarmee een houding van eerbied, respect, vertrouwen en gehoorzaamheid wordt aangeduid. Vrees voor God duidt op het ontzag hebben voor Zijn heilige tegenwoordigheid.

> *"Als we voor minder bang zijn voor God dan voor iets of iemand anders, dan komen we in de problemen. Wanneer we iets of iemand anders vrezen, vergeten we de vreze des Heren. In Gods aanwezigheid verdwijnen alle menselijke angsten als rook, weggeblazen door de wind.....De vrees voor God drijft ons niet van God vandaan, maar eerder naar God toe. Het is alleen wanneer de vrees voor God onze angst voor de wereld overwint dat we goed en vruchtbaar kunnen omgaan met onze angsten in de wereld."[2]*

Hoe meer we de HERE vrezen hoe kleiner onze vrees voor mensen en omstandigheden wordt, zoals we ook in de Psalm lezen:

"Welzalig de man, die de HERE vreest...voor een kwaad gerucht zal hij niet vrezen, zijn hart is gerust, vol vertrouwen op de HERE, zijn hart is standvastig, hij vreest niet. " (Ps. 112).

---

[2] Allender and Tremper Longman III, 102, 103.

LEVEN MET MOSLIMS LES 1

Huiswerkopdracht

De belangrijkste opdracht n.a.v. deze les is gebed en dan vooral gebed om verandering. Verandering voor de wereld in het algemeen en voor uw eigen hart in het bijzonder. We willen u graag aanmoedigen om tussen nu en de volgende les regelmatig te bidden voor moslims. Dit kunnen mensen zijn die in het nieuws zijn, of mensen waar u van gehoord hebt, of ook mensen die u persoonlijk kent. Bidt dat God hen tot Zijn discipelen maakt. Daarnaast willen we u aanmoedigen om uw eigen houding t.a.v. moslims in gebed bij God te brengen. Omdat zo praktisch mogelijk te maken, willen we u vragen om het werkblad waarmee we deze les begonnen, en waarop u uw gedachten over moslims en Islam heeft opgeschreven, mee naar huis te nemen.

Onderzoek uw leven (vraag God om u de ogen te openen voor eventuele blinde vlekken): zijn er onderdelen in uw leven waarin vrees voor mensen of omstandigheden groter is dan uw vrees voor God? Hoe kunt u het gelezene uit Jesaja 40-55 op deze situaties toepassen?

Gebruik uw ingevulde werkblad de komende week tijdens uw gebedstijden, in combinatie met de volgende zeven psalmen:

Dag 1: Psalm 137
Dag 2: Psalm 109
Dag 3: Psalm 55
Dag 4: Psalm 69
Dag 5: Psalm 56
Dag 6: Psalm 27
Dag 7: Psalm 91

Beantwoord bij elke Psalm de volgende vraag:
Welke les uit deze Psalm kan ik toepassen op mijn kijk op/houding t.a.v. moslims en Islam?

Sommige van deze Psalmen zijn zogenaamde 'wraakpsalmen', waarin de psalmist God vraagt om zijn vijanden te straffen. Veel christenen hebben moeite om de inhoud van deze Psalmen te rijmen met Gods liefde en Gods opdracht om onze vijanden lief te hebben. Toch is dit geen tegenstelling. Het bidden van deze Psalmen betekent dat we erkennen wat Deuteronomium 32:35 en Romeinen 12: 19-21 zegt, nl. "Mij komt de wraak toe, Ik zal het vergelden, spreekt de HERE."

Deze Psalmen laten ons zien dat er in onze ontmoeting met onze hemelse Vader plaats is voor onze emoties, ook voor negatieve emoties. Wanneer we met onze boosheid, angst, vooroordeel naar de liefdevolle, genadige, heilige en rechtvaardige God gaan, kunnen deze negatieve gevoelens bij Hem tot rust komen en kan Hij ons meer leren over wat het betekent genadig, vergevingsgezind te zijn, zoals Hij Zelf is.

Psalm 137

Deze psalm geeft uitdrukking aan de post-traumatische gevoelens van Gods volk in de Babylonische ballingschap. Zij zijn het slachtoffer geworden van geweld, zij werden verdreven uit hun huizen en werden gedwongen te leven onder vreemde heerschappij. Zij zijn vol verdriet en de wanhoop nabij. Zij willen weten wat God hieraan gaat doen. Zij willen gerechtigheid en wraak.

> "Een roep tot wraak in de context van aanbidding voor de God die liefde is kan leiden tot de worsteling van de realisatie dat het 'verpletteren tegen de rotsen' van welke baby dan ook onverdraaglijk zou zijn."[3]

Psalm 109

In deze psalm luisteren we naar de stem van David die vol boosheid is over een onrechtvaardige aanslag. Hij was boos, hij wilde wraak (genoegdoening) die zich uitstrekte tot heel de familie van de man die hem kwaad had aangedaan. Hij verlangt ernaar dat het kwaad, dat hem is aangedaan neerkomt op hen die hem hebben beangstigd. Denk eens na over toorn (boosheid) in het leven van een Christen.

---

[3] Ida Glaser: 'We sat down and Wept', Biblical Babylon and Israel as Resources for Conflict Situations, The Round Table, Vol. 94, No. 302, 641-651, October 2005.

LEVEN MET MOSLIMS LES 1

Psalm 55

In deze psalm benadrukt David zijn grote ongerustheid en angst. De angst die hem overkomt, heeft beslag genomen van zijn geest, zodat hij het niet meer kan loslaten en aan niets anders meer kan denken. Davids wens is het gevaar te ontvluchten. Maar zoals het laatste deel van de psalm laat zien, vlucht hij niet de woestijn in maar naar God. David weet dat God het antwoord zal geven voor zijn angsten, door Zijn hemelse aanwezigheid.

Psalm 69

In de psalmen ontmoeten we hemelse goedheid te midden van pijn. Psalm 69 is een goed voorbeeld van de overgang van lijden, angst en boosheid naar glorie en rust. Omdat Davids visie over zijn eigen lijden hem tot God brengt, ontstaat er een abrupte verandering in zijn gemoedsgesteldheid - van pijn naar vreugde - (vers 30-36).

Psalm 56

Dit is een andere psalm, waarin David zijn angst onder woorden brengt voor God. In deze psalm is er sprake van een paradox: "Als ik bang ben vertrouw ik op U ... op God vertrouw ik, ik vrees niet." "Op God vertrouw ik, ik vrees niet".

Herkent u deze tegenstelling in uw eigen leven?

Psalm 27

In deze psalm onderkent David dat God groter is dan angstaanjagende situaties, ook al veranderen de omstandigheden niet. Ook al lijken de omstandigheden misschien niet te veranderen, toch kunnen we in Gods aanwezigheid vrede ervaren.

Psalm 91

Deze psalm leert ons dat in tijden van gevaar, wanneer moeilijke omstandigheden en slechte mensen ons tot het uiterste drijven, we kunnen schuilen in de aanwezigheid van God.

LES 2 LEVEN MET MOSLIMS

LES 2:
MOSLIMS MET GENADE TEGEMOET TREDEN MUSLIMEN

Doel van deze les: Beter gaan begrijpen wat de Bijbel bedoelt met 'genade' en hoe deze houding kunnen ontwikkelen in onze relatie met moslims.

> **Opdracht**
> Bespreek met elkaar het huiswerk van de vorige les. Wat is u opgevallen?

1 Inleiding

In de vorige les hebben we nagedacht over onze houding t.o.v. moslims en Islam. Wanneer we onze angst voor Islam in Gods tegenwoordigheid brengen, ontstaat er ruimte voor de groei van een andere houding t.a.v. Islam en moslims, namelijk één van genade. We willen in deze tweede les hier verder bij stilstaan.

We willen nadenken over de genade van God in het leven van Jona en zijn onbereidwilligheid om een kanaal van Gods genade te zijn.

We willen groeien in het besef van de belangrijke rol die genade speelt in de Bijbel en in ons leven en we willen leren wat het betekent om een houding van genade te ontwikkelen ten opzichte van moslims.

> **Opdracht**
> **Neem uw werkblad en schrijf daarop wat u verstaat onder het begrip 'genade'.**
>
> **Gesprekvraag**
> **C.S. Lewis heeft eens gezegd:** *Het unieke kenmerk van het christendom ten opzichte van andere wereldgodsdiensten is genade.* **Bent u het met deze uitspraak eens? Waarom (niet)?**

LEVEN MET MOSLIMS — LES 2

2 Lessen in genade uit het leven van Jona

Toen begon Jona in de buik van de vis tot de HEER, zijn God, te bidden: "Uit het rijk van de dood schreeuw ik om hulp – u hoort mijn stem!" (Jona 2: 2, 3)

Jona is weggevlucht van God, hij is onder het oordeel van God. Toch vraagt hij God om hulp. Zijn gebed wordt genadevol beantwoord: *"U hoort mijn stem"*. Jona realiseert zich dat hij afhankelijk is van Gods genade en ontferming: *"Het is de HEER die redt!" (2:10)* De vis symboliseert de genade van God. Een schuldig mens heeft geen recht op genade. Het feit dat we deze geschiedenis goed kennen, mag ons niet blind maken voor de grootheid van Gods ontferming en genade die we hier zien. De HEER wil ons leren om genadig te zijn in plaats van veroordelend en trots. Hij wil dat ons hart net zo ruim wordt in ontferming als Zijn hart dat is. Maar uit het vervolg van de geschiedenis van Jona zien we dat hij deze les onvoldoende had geleerd.

"Ach HEER, heb ik het niet gezegd toen ik nog thuis was? Daarom wilde ik naar Tarsis vluchten. Ik wist het wel: u bent een God die genadig is en liefdevol ... (Jona 4:1,2)

Wat Jona al vermoedde, en de reden waarom hij ongehoorzaam was aan Gods roeping om naar Nineve te gaan, wordt werkelijkheid. Hoofdstuk 4 laat ons Gods onderwijzende liefde voor Jona zien. God gaat met zijn knecht in gesprek en blijft voor hem zorgen, omdat Hij om hem geeft. God neemt geen genoegen met uiterlijke gehoorzaamheid zoals Jona in hoofdstuk 3 laat zien, maar God wil hem leren om diegenen die God liefheeft ook lief te hebben. We merken in hoofdstuk 4 dat Jona's hart niet anders is dan in hoofdstuk 1.

In hoofdstuk 4 vers 4 roept God Jona op tot zelfonderzoek: "Is het terecht dat je zo kwaad bent?"
Hoewel Jona een prachtige theologische uitspraak doet (in 4:2), blijkt dat uitstekende theologie niet altijd vertaald wordt in een hartsgesteldheid en daden die daarmee overeenstemmen.

LES 2 LEVEN MET MOSLIMS

Beeld je eens in: als er iemand reden had om boos te zijn, dan was het God wel. God haat de zonde en het geweld. Toch kiest Hij ervoor om de zondaar en de geweldenaar te vergeven. God vraagt waarom Jona boos is, terwijl God had besloten om Nineve niet te vernietigen. Jona moet geweten hebben dat de Thora zegt: "Mij komt de wraak toe en de vergelding" (Deuteronomium 32:35). Dat is dus Gods zaak en niet die van Jona. Jona's probleem is dat Hij controle wil hebben over God. We spelen voor God als we boos blijven op individuen of groepen mensen die God vergeeft en als we hun straf in onze handen nemen door middel van een negatieve houding, kwaadsprekende woorden, of agressieve daden.

We lopen voor God uit als we het oordeel willen uitvoeren. God vraagt ons, net als Hij Jona vroeg: "Is dat jouw recht?" En het juiste antwoord zou moeten zijn: "Nee, Heer, het is Uw recht, niet dat van mij". Bovendien hebben zij die ontvangers zijn van Gods ontferming en genade niet het recht, om bezwaar te maken wanneer de Almachtige God dezelfde ontferming en genade aan anderen schenkt.

> **Gespreksvraag**
>
> **Het kostte Jona moeite om genade-gever te zijn. Herkent u dit ook bij u zelf? In welke situaties vindt u het moeilijk om anderen met genade tegemoet te treden?**

3 Het omschrijven van genade

"... Maar door de genade Gods ben ik wat ik ben..."(1 Cor. 15:9-11)

Eén van de meest bekende definities van genade is:

God's **R**iches **A**t **C**hrist's **E**xpense

Gods onverdiende gunst.

Het Hebreeuwse woord voor 'genade' (chesed) betekent ook ' neerbuigen'. In Psalm 18:36 wordt het vertaald met "neerbuigende goedheid". De Bijbel gebruikt diverse bijvoeglijke naamwoorden voor ge-

LEVEN MET MOSLIMS   LES 2

nade, zoals: heerlijk, glorieus (Ef. 1:6), groot, overvloedig (Hand. 4:33), overweldigend rijk (Ef. 1:7; 2:7), veelzijdig, velerlei, veelkleurig (1 Petrus 4:10), genoeg, voldoende (2 Cor. 12:9).

Als we een studie maken over genade in de Bijbel, komen er drie belangrijke zaken naar voren:

1 genade is wat God is
2 genade is verbonden met alle belangrijke Bijbelse waarheden
3 genade dient zichtbaar te worden in ons leven

We zullen op elk van deze drie karakteristieken ingaan.

3. A Genade is wat God is

3.A.1 We vinden de genade van God in de hele Bijbel

Twintig keer in het Nieuwe Testament wordt de uitdrukking ' genade van God' gebruikt.[4]

Dit geeft aan dat God de bron van genade is. God wordt 'de God van alle genade' genoemd (1 Petrus 5:10), die soeverein regeert op de 'troon van Zijn genade' (Hebr. 4:16). De Geest van God wordt "de Geest van genade" genoemd (Hebr. 10:28, 29); het evangelie "het evangelie van Gods genade" (Hand. 20:24); het Woord van God wordt "het Woord van Zijn genade" genoemd (Hand. 20:32).

We vinden de genade van God in de hele Bijbel, zowel in het Oude als in het Nieuwe Testament. De eerste keer dat het woord genade in de Bijbel wordt gebruikt is in Genesis 6:8 waar we lezen

"Maar Noach vond genade in de ogen des HEREN."

Eén van de laatste woorden van God in de Bijbel is er één van genade:

"Hij, die deze dingen getuigt, zegt: Ja, Ik kom spoedig. Amen, kom, Here Jezus! De genade van de Here Jezus zij met allen." (Openb. 22:20,21)

---

[4] Luk. 2:40; Hand. 11:23, 13:43; 14:26; 20:24; Rom. 5:15; 1 Cor. 1:4; 3:10; 15:10; 2 Cor. 1: 12; 6:1; 8:1;9:14; Gal. 2:21; Col.1:6; Tit. 2:11; Hebr. 2:9; 12:15; 1 Pet. 4:10; 5:12.

LES 2 LEVEN MET MOSLIMS

3.A.2 Jezus is de ultieme openbaring van Gods genade

In het Johannes evangelie lezen we:

"Het Woord is vlees geworden en het heeft onder ons gewoond en wij hebben zijn heerlijkheid aanschouwd, een heerlijkheid als van de eniggeborene des Vaders, vol van genade en waarheid..... Immers uit zijn volheid hebben wij allen ontvangen zelfs genade op genade; want de wet is door Mozes gegeven, de genade en de waarheid zijn door Jezus Christus gekomen." (Joh. 1:14, 16, 17)

Wanneer Paulus schrijft over de eerste komst van Jezus schrijft hij: *"Want de genade Gods is verschenen, heilbrengend voor alle mensen." (Titus 2:11)*

We zouden kunnen zeggen dat Jezus de verpersoonlijking van Gods genade is.

3. B Genade is verbonden met alle belangrijkste Bijbelse waarheden

"...want door genade zijt gij behouden, door het geloof, en dat niet uit werken, opdat niemand roeme."(Efeziërs 2: 8)

Genade vormt het hart van het Christelijk geloof; het maakt deel uit van alle belangrijkste leerstellingen van de Bijbel.

We zijn gerechtvaardigd door genade (Titus 3:4-8; Rom. 3:21-24); gered door genade (2 Tim. 1:9; Hand. 15:8-12); vergeven, verlost en aangenomen als Gods kinderen door genade (Ef. 1:3-8; Hand. 18:26-28); geroepen door genade (2 Tim. 1:7-10; Gal. 1:6; Gal. 1:13-17; Rom. 11: 5,6). Onze hoop en eeuwige zekerheid is gebaseerd op genade (2 Thess. 2:15-17; 1 Petrus 1:13-15; Rom. 5:1,2).

De Bijbel leert ons ook dat Gods genade kostbaar is. In zijn eerste brief, waarin de apostel Petrus veel over genade schrijft (1:2, 10, 13; 2:19, 20: 3:7; 4:10; 5:10,12), herinnert hij zijn lezers eraan dat we niet zijn vrijgekocht met vergankelijke dingen zoals goud en zilver, maar met het 'kostbare bloed van Christus' (1 Petrus 1:19).

LEVEN MET MOSLIMS   LES 2

Wat een bijzondere paradox: genade was kostbaar voor God om te geven, en tegelijkertijd wordt deze ons onvoorwaardelijk en om niet geschonken.

In 1 Korintiërs 15:10 schrijft de apostel Paulus:

"door de genade Gods ben ik, wat ik ben ...".

In dit getuigenis zien we een prachtige illustratie van de praktische uitwerking van Gods genade. Dit is tevens een kenmerk van elk kind van God, namelijk dat hij of zij is wie hij of zij is, door de genade van God.

3. C   De genade van God dient zichtbaar te worden in ons leven

"Toen deze aankwam en de genade Gods zag, verheugde hij zich ... ." (Hand. 11:23)

Omdat 'genade' zo onlosmakelijk verbonden is met het wezen van God en met het hart van het christelijke geloof, is het niet meer dan normaal dat genade een centrale rol speelt in ons leven en gezien en zichtbaar dient te worden in alles wat wij doen en wie wij zijn. Toen Barnabas in Antiochië aankwam zag hij de genade Gods in de levens van de gelovigen (Hand. 11:23). De apostelen zagen 'de genade van God' in Paulus en daarop reikten ze hem de broederhand (Gal. 2:8).

Genade zouden we 'liefde in actie' kunnen noemen. Als we de genade van God ontvangen hebben en daarvan dagelijks afhankelijk zijn, verandert het onze levens en leidt het onze daden.

Helaas, staan christenen niet altijd bekend om hun genade.

In zijn boek "Genezing van beschadigde emoties" schrijft David A. Seamands:

"Vele jaren geleden werd ik tot de conclusie gedreven dat de twee belangrijkste oorzaken voor de meeste emotionele problemen onder wedergeboren christenen zijn: het niet verstaan, ontvangen en leven uit Gods onvoorwaardelijke genade en vergeving; en het niet uit die onvoorwaardelijke liefde, vergeving en genade geven aan andere men-

LES 2 — LEVEN MET MOSLIMS

sen … . We weten en horen van de genade. Maar zo leven we niet. We geloven met ons hoofd in deze genade, maar niet in ons gevoel of in onze relaties … . Het grote nieuwe van het evangelie van de genade is niet doorgedrongen tot ons gevoel. Het beheerst niet onze relaties met andere mensen."[5]

Hieronder enkele Bijbelse voorbeelden van hoe genade er in het dagelijks leven uit ziet:

3.C.1 Genade stelt ons in staat veranderde levens te leiden

Want de genade Gods is verschenen, heilbrengend voor alle mensen, om ons op te voeden, zodat wij, de goddeloosheid en wereldse begeerten verzakende, bezadigd, rechtvaardig en godvruchtig in deze wereld leven…. (Titus 2: 11,12)

In deze verzen legt Paulus een verband tussen de genade van God en de dagelijkse levensstijl van de gelovigen. Gods genade leidt tot veranderde levens. Genade brengt ons redding, maar stopt daar niet. Genade stelt de gelovige in staat om te groeien in levensheiliging. Genade stelt ons in staat om 'nee' te zeggen tegen goddeloosheid en zondige begeerten en rechtvaardig en godvruchtig te leven. Christelijke geloofsopvattingen worden het duidelijkst verkondigd door ons gedrag. Wat kunnen de mensen om je heen leren over je geloof als ze naar je gedrag kijken?

3.C.2 Genade voorkomt dat we verbitterd raken en maakt ons vrij om te vergeven en los te laten

"Ziet daarbij toe, dat niemand verachtere van de genade Gods, dat er geen bittere wortel opschiete en verwarring stichte, en daardoor zeer velen zouden besmet worden."(Hebr. 12:15)

---

[5] David A. Seamands, Healing for Damaged Emotions, (Scripture Press, Victory Books, USA, 1991), 32.

Genade bevrijdt ons van een wettische houding, die vaak bitterheid veroorzaakt. Een wettische houding legt eerder de nadruk op onze daden voor God dan wat Hij heeft gedaan in Jezus.

We hebben genade nodig in onze relaties met mensen om ons heen. Deze genade uit zich in geduld, vergevingsgezindheid, nederigheid en maakt ons vrij om God de ruimte te geven in het leven van de ander te werken. Groeien in genade helpt ons om minder tijd/energie te besteden aan een kritische en veroordelende houding, en maakt ons toleranter. Het stelt ons in staat om mensen niet 'in te perken', maar hen los te laten.

In zijn boek "Genade is een risico"[6] citeert Chuck Swindoll een stuk van een onbekende auteur om duidelijk te maken wat loslaten in genade betekent:

Loslaten

Loslaten betekent niet dat ik de liefde loslaat, maar dat ik niet bepaal hoe een ander leven moet.

Loslaten betekent niet dat ik alle banden doorsnijd, maar dat ik een ander niet overheers.

Loslaten is mijn machteloosheid toegeven; de uitkomst ligt niet in mijn hand.

Loslaten is de ander niet willen veranderen, ik kan alleen mezelf veranderen.

Loslaten is niet betuttelen, maar geven om.

Loslaten is niet een ander op iets vastpinnen, maar steun geven.

Loslaten is niet oordelen, maar de ander toestaan mens te zijn.

Loslaten is niet andermans zaken willen regelen, maar toestaan dat anderen dat zelf doen.

Loslaten is niet beschermend zijn; het is anderen toestaan de werkelijkheid te ontdekken.

Loslaten is niet ontkennen, maar accepteren.

---

[6] Charles R. Swindoll, The Grace Awakening, (Milton Keynes, UK: Word Publishing, 1990), 146, 147.

LES 2 LEVEN MET MOSLIMS

> Loslaten is niet de ander verwijten, maar zoeken naar mijn eigen tekortkomingen en die corrigeren.
> Loslaten is niet alles aan mijn wensen aanpassen, maar aanvaarden wat elke dag mij brengt.
> Loslaten is niet anderen bekritiseren en willen veranderen, maar de droom proberen te worden die ik kan zijn.
> Loslaten is niet spijt hebben van het verleden, maar groeien en leven voor de toekomst.
> Loslaten is minder bang zijn en meer liefhebben.

3.C.3 Genade houdt ons nederig

Maar Hij geeft dan ook des te grotere genade. Daarom heet het: God weerstaat de hoogmoedigen, maar de nederigen geeft Hij genade. (Jakobus 4:6, 1 Petrus 5:5, Spreuken 3:34)

Nederigheid is noodzakelijk om genade te willen ontvangen, en is ook een uiting van de genade die we hebben ontvangen. Gods genade helpt de gelovige zich te realiseren dat ze in hun eigen kracht niet kunnen leven zoals God bedoeld heeft, want de christelijke levenswandel is ten diepste een bovennatuurlijke levenswandel, in voortdurende afhankelijkheid van de Heilige Geest.

3.C.4 Genade geeft bovennatuurlijke kracht om moeilijkheden aan te kunnen

En Hij heeft tot mij gezegd: Mijn genade is u genoeg, want de kracht openbaart zich eerst ten volle in zwakheid. Zeer gaarne zal ik dus in zwakheden nog meer roemen, opdat de kracht van Christus over mij kome. (2 Cor. 12:9)

Paulus schrijft dat hij is opgenomen in de derde hemel en dat hem een 'doorn in het vlees' gegeven is om hem ervoor te behoeden zichzelf te verheffen. Paulus heeft de HERE drie keer gevraagd deze doorn te verwijderen. In antwoord op dit gebed zegt God dat Zijn genade voldoende moet zijn. Als de genade van God voldoende is om ons te red-

LEVEN MET MOSLIMS LES 2

den, dan is het ook voldoende om ons te beschermen en ons te ondersteunen in tijden van zwakte en lijden. God laat het toe dat we zwak worden zodat we Zijn kracht kunnen ontvangen.

3.C.5 Genade beïnvloedt ons spreken

Gedraagt u als wijzen ten opzichte van hen die buiten staan, maakt u de gelegenheid ten nutte. Uw spreken zij te allen tijde aangenaam, niet zouteloos; gij moet weten, hoe gij aan ieder het juiste antwoord moet geven (Colossenzen 4: 5,6)

De woorden "uw spreken zij ten allen tijde aangenaam", wordt ook wel vertaald als "Uw woord zij altoos van genade vervuld".

In het Nieuwe Testament wordt genade ook gebruikt voor een houding die attractief is, vreugde en genoegen geeft. Dit blijkt dan vooral uit het gebruik van de tong:

"En allen betuigden hun instemming met Hem en verwonderden zich over de woorden van genade, die van zijn lippen kwamen en zij zeiden: Is dit niet de zoon van Jozef?" (Lukas 4:22)

3.C.6 Genade stelt ons in staat (van) onszelf aan anderen te geven

„Wij maken u de genade Gods bekend, broeders, die aan de gemeenten van Macedonië geschonken is." (2 Cor. 8:1)

„En God is bij machte alle genade in u overvloedig te schenken, opdat gij, in alle opzichten te allen tijde van alles genoegzaam voorzien, in alle goed werk overvloedig moogt zijn." (2 Cor. 9:8)

In 2 Cor. 8, 9 schrijft Paulus over een collecte die wordt ingezameld voor de arme christenen in Jeruzalem. In deze hoofdstukken gebruikt hij tien keer het woord 'genade' Hij gebruikt het als een synoniem voor het geven door Christenen. Dit geven is immers een gevolg van de genade van God in hun leven. Als we werkelijk de genade van God aan ons begrepen hebben, zullen we ook gemakkelijker deze genade aan anderen uitdragen. De genade van God opent ons hart en onze handen, want een open hart kan niet lang de handen gesloten hou-

LES 2 — LEVEN MET MOSLIMS

den. Hoewel het in de context van dit Bijbelgedeelte over financieel geven gaat, mogen we het ook toepassen op alle andere vormen van geven (b.v. van onze tijd, onze energie, liefde, zorg).

Als we zien hoe belangrijk genade is in de Bijbel en in de levens van de eerste christenen, hoeft het ons niet te verbazen dat de eerste kerk elkaar heel vaak aan de genade van God herinnerde, zoals blijkt uit de groet 'de genade en vrede van God zij met jullie', die we in veel brieven tegenkomen (Gal. 1:1; Ef. 1: 1; 2 Tim. 1:1; 1 Petrus 1;2; 2 Petrus 1:2).

> **Gespreksvragen**
>
> **In de gelijkenis van de verloren zoon (Lukas 15: 11-32) geeft Jezus ons een prachtige illustratie van de genade van God ('de vader') aan zijn kinderen. De gelijkenis maakt ook duidelijk hoe moeilijk het is om van genade te leven en genade uit te delen naar anderen. Lees deze gelijkenis door en bespreek de volgende vragen:**
>
> 1. Waaruit blijkt de genade van de vader ten opzichte van a) zijn jongste zoon en b) zijn oudste zoon?
> 2. Waaruit blijkt dat beide zonen het moeilijk vinden uit genade te leven?
> 3. De oudste zoon was niet bereid zijn jongere broer genade te geven. Begrijpt u dit en herkent u deze houding in uw eigen leven?

4 Moslims benaderen met genade

We hebben gezien dat genade onlosmakelijk verbonden is met Wie God is en waar Hij voor staat en dat daarom genade ook een belangrijk kenmerk dient te zijn van een volgeling van Jezus. We willen wat we geleerd hebben, gaan toepassen op onze houding ten opzichte van moslims.

In plaats van angst, achterdocht, vooroordeel, dient genade onze houding ten opzicht van moslims te bepalen. Een genade-houding is:

LEVEN MET MOSLIMS   LES 2

"Een bereidheid om onze natuurlijke manier van denken die bang is voor het onbekende in de ander te veranderen; zodat we bereid zijn om de ander het voordeel van de twijfel te geven en willen leren waarom die ander zich gedraagt zoals hij zich gedraagt."[7]

Een houding van genade ten opzichte van moslims bestaat uit de volgende zes onderdelen:

4.1   De gulden regel toepassen

In de Bergrede spoort Jezus zijn volgelingen aan:
"Alles nu wat gij wilt, dat u de mensen doen, doet gij hun ook aldus: want dit is de wet en de profeten." (Mattheus 7:12).

Wanneer we in onze omgang met de Islam en moslims hieraan gehoor willen geven, dienen we:

1)   In het beoordelen van de Islam en moslims dezelfde criteria toe te passen, die we voor onszelf hanteren. We moeten niet het slechtste van de Islam vergelijken met het beste van het christendom.

2)   Ons bewust zijn van de fouten van het christendom in het verleden. Wanneer we kijken naar de zwarte bladzijden in onze eigen kerkgeschiedenis: dingen die gedaan zijn in naam van het Christendom die tegen de waarheid van de Bijbel ingaan (b.v. de kruistochten), worden we toleranter, genadiger t.o.v. anderen. Zoals een Engels spreekwoord zegt: "Mensen die in een glazen huis wonen, moeten niet met stenen gooien."

3)   Te kijken naar *de intenties* van Mohammed en moslims. Wanneer we kijken naar de belangrijkste zaken waarin de moslims van mening verschillen met christenen, kan het nuttig zijn ons af te vragen wat Mohammeds oorspronkelijke bedoelingen waren en wat hij ermee beoogde. Veel moslims wijzen er b.v. op dat het Mohammeds intenties waren om de positie van de vrouwen in zijn dagen te verbeteren.

---

[7] Steve Bell in zijn boek *"Grace for Muslims?The journey from fear to faith"*. (Milton Keynes: Authentic Media, 2006), 1.

LES 2 LEVEN MET MOSLIMS

Ook wanneer we over moslims in ons land spreken, geven we de indruk hun beweegredenen te kennen, zonder hier echter met hen over gesproken te hebben.

4) Ervoor waken in stereotypen te spreken. Stereotypen plaatsen mensen in hokjes en ontneemt individuele mensen hun uniekheid. We dienen terughoudend zijn om het gedrag van een kleine groep moslims toe te schrijven aan de hele gemeenschap.

4.2 De ander liefhebben als onzelf

Het volk Israël kreeg instructies van God voor het omgaan met hun naasten, de vreemdelingen in hun midden en hun vijanden. Ze kregen de opdracht hun naaste lief te hebben als zichzelf (Leviticus 19:18); de vreemdeling lief te hebben als zichzelf (Leviticus 19:34) en Jezus moedigt Zijn volgelingen aan om hun vijanden lief te hebben (Mattheus 5:44). In onze relaties met de naasten, de vreemdelingen en vijanden worden wij aangespoord Gods houding te weerspiegelen.

Dit betekent onder meer: hen niet te verdrukken of mishandelen, hen proberen te begrijpen (Ex. 22:21; 23:9); vriendelijk voor hen zijn wanneer ze in moeilijkheden zijn (Ex. 23: 4, 5); ze te zegenen, geen wraak te nemen, maar hen goed te doen (Romeinen 12:14-21; Spreuken 25:21,22).

4.3 Geen vals getuigenis afleggen over moslims

Eén van de Tien Geboden is dat we geen vals getuigenis afleggen (Exodus 20;16). Dat betekent m.b.t. moslims, dat we ervoor zorgen zo eerlijk mogelijk te zijn wanneer we over hen spreken. Soms kan angst ertoe leiden dat we dingen gaan overdrijven (zoals we b.v. zien bij de tien verspieders, die toen ze terug kwamen uit het Beloofde Land zeiden *"alle mensen die we daar zagen, waren mannen van grote lengte"*, Numeri 13:32). We moeten ons realiseren dat de Islam is wat een moslim zegt dat het is.

We moeten terughoudend zijn om de Koran te gaan interpreteren of verzen uit het verband te halen zonder oog te hebben voor hoe mos-

LEVEN MET MOSLIMS — LES 2

lims zelf deze verzen interpreteren. We dienen bereid te zijn naar de moslims te luisteren en de wereld te leren zien door hun ogen.

4.4 Bereid zijn om positieve kanten van de Islam te zien

Toen Abraham door heidens gebied trok, besloot hij om ze te zeggen dat Sarai zijn zuster was, want, hij dacht: *"wellicht is er geen vreze Gods in deze plaats; zij zullen mij doden om mijn vrouw '" (Gen. 20:11)*. Hij ontdekte echter dat er ook buiten zijn volk mensen waren met ontzag voor God, die zelfs in staat waren Gods bedoelingen te verstaan en bereid waren Hem te gehoorzamen. (Gen. 20:1-18)

Een genade-houding t.o.v. moslims betekent bereid te zijn om positieve kanten te zien van de Islam, Mohammed, de islamitische cultuur en de islamitische geschiedenis. Het kan goed zijn ons de vraag te stellen: Wat kunnen wij van de Islam en moslims leren? Zijn er echo's van Gods genade te vinden in de Islam? Wat maakt de Islam een aantrekkelijke godsdienst voor vele miljoenen mensen in deze wereld?

4.5 Moslims beschouwen als mensen van vlees en bloed

De genade van God stelt ons in staat om moslims te beschouwen als mensen van vlees en bloed, met een bepaald geloof, niet als vertegenwoordigers van een religieus systeem. Het is belangrijk dat we verder kijken dan de hoofddoek, en dat we moeder Samira leren kennen. Dat we verder kijken dan de moslim, en dat we de hardwerkende Hassan leren kennen. Dat we achter de moslim migrant de jongen Hossaine of het meisje Khadija zien, die hoop hebben voor hun toekomst en dat we zelfs achter de boosheid van de islamitische terrorist, de angst en frustratie van Samir ontdekken.

4.6 Oog hebben voor Gods beloften aan moslims en voor wat Hij onder hen doet

Een wijdverbreide traditie in de Arabische wereld is dat de afstammelingen van Ismael de voorouders van de Arabieren zijn. Veel Arabische moslims beschouwen zichzelf als nakomelingen van Ismael. Volgens

Tony Maalouf in zijn boek "Arabs in the Shadow of Israel" leggen oude geschriften duidelijk een verband tussen Noord-Arabische stammen en Ismael. "Ismael heeft een belangrijke symbolische waarde voor de Noord-Afrikaanse stammen in de eerste eeuw A.D."[8] Het is goed om te beseffen dat God ook beloften heeft gegeven aan de nakomelingen van Ismael. In antwoord op het gebed van Abraham, belooft God Ismael te zegenen. (Gen. 17:20) De uitverkiezing van Isaak (en Israel) betekent niet automatisch dat God Ismael en zijn nazaten niet wil zegenen met geestelijke en materiële zegeningen. God gaat genadig om met Hagar en Ismael. In Genesis 25: 13-18 vinden we een lijst met namen van de zonen van Ismael, waaronder Nebajot en Kedar.

De Bijbel bevat profetieën die betrekking hebben op deze nakomelingen van Ismaël:

*Zingt de HERE een nieuw lied, zijn lof van het einde der aarde, gij die de zee bevaart en haar volheid; gij kustlanden en hun bewoners. Laten de woestijn en haar steden de stem verheffen, de dorpen waar **Kedar** woont; laten de rotsbewoners jubelen, laten zij van de top der bergen juichen. Laten zij de HERE eer geven en zijn lof in de kustlanden vermelden (Jes. 42:10-12)*

*Een menigte kamelen zal u overdekken, jonge kamelen van **Midjan en Efa**; uit **Seba** zullen zij allen komen; goud en wierook zullen zij aanbrengen en de roemrijke daden des HEREN blijde verkondigen. Al de schapen van **Kedar** zullen zich voor u verzamelen, de rammen van **Nebajot** zullen zich u ten dienste stellen; zij zullen als een welgevallig offer op mijn altaar komen en aan mijn luisterrijk huis zal Ik luister verlenen. Wie zijn dezen, die als een wolk komen aangevlogen en als duiven naar hun til? (Jes. 60:6-8)*

Volgens verschillende Kerkvaders (o.a. Justin Martyn) waren de Magiers, die uit het Oosten kwamen om de Koning der Joden te aanbidden, hoogstwaarschijnlijk Arabieren.

---

[8] Tony Maalouf, *Arabs in the Shadow of Israel,* (Grand Rapids MI: Kregel Publications, 2003), 45.

| LEVEN MET MOSLIMS | LES 2 |

"De geschenken die de Magiërs aan De Koning der Joden gaven vertegenwoordigden bij uitstek Arabische rijkdommen. Arabieren waren de belangrijkste producenten en transporteurs van wierook en goud in de eeuwen voor de Christelijke jaartelling. Zij bevoorraadden het Perzische Rijk elk jaar met 30 ton wierook. De Profetie van Jesaja (60: 1-7) voorspelde de overdracht van de rijkdommen van de naties, in het bijzonder van de Arabieren, aan de Messias in Jeruzalem bij de dageraad van het Messiaanse licht op het land Israël. Het is daarom niet buitengewoon dat Arabische magiërs hun trouw aanbieden aan de Koning der koningen[9].

De Arabische wijzen kunnen de eerste vruchten zijn van de oogst die naderbij komt. God is aan het werk in de Islamitische wereld: wereldwijd komen moslims tot geloof in Christus. God openbaart Zich aan hen in dromen en visioenen. De Kerk groeit in verschillende delen van de Islamitische wereld.

De profeet Jesaja profeteerde over het land/de stam **Cush**, door veel moderne geleerden aangeduid als een Arabische stam in het huidige noord-Sudan. Jesaja noemt hen *"een rijzig en glanzend volk, een natie, wijd en zijd gevreesd, een volk, heerszuchtig en wreed, welks land rivieren doorsnijden."* (Jes. 18:2)

Hij besluit zijn profetie met een prachtige belofte, namelijk dat deze mensen, die zoveel angst inboezemden, geschenken zouden brengen aan de HERE:

Te dien tijde zal een geschenk gebracht worden aan de HERE der heerscharen door een rijzig en glanzend volk, door een volk, wijd en zijd gevreesd, een volk, heerszuchtig en wreed, welks land rivieren doorsnijden – naar de plaats van de naam van de HERE der heerscharen, de berg Sion. (Jes. 18:7)

Mogen we geloven dat diegenen die nu nog zoveel angst inboezemen in de harten van mensen, zoals extremistische moslims, op een dag geschenken brengen aan onze God uit eerbied en respect voor Hem?

---

[9] Tony Maalouf, *Arabs in the Shadow of Israel*, (Grand Rapids MI: Kregel Publications, 2003), 218.

LES 2 LEVEN MET MOSLIMS

Huiswerkopdrachten

1. Lees de gelijkenis van de verloren zoon (Lukas 15:11-32) de komende week meerdere keren door. In welk van de drie personen (vader, jongste zoon, oudste zoon) herkent u zichzelf het meest? Hoe is genade ontvangen en gegeven door elk van hen? In welk opzicht moet u nog meer gelijkvormig worden aan de vader, wanneer het gaat om het geven van genade?
2. Bid de komende week regelmatig het gebed van Franciscus met moslims in gedachten.

Achtergrond van Franciscus van Assisi

Franciscus van Assisi (1182-1226 A.D.) was een Katholieke priester en prediker. Hij was de stichter van de orde van de Franciscanen. Toen de kruisvaarders naar het Midden-Oosten optrokken om oorlog te voeren tegen de moslims trok Franciscus rond door verschillende landen van het Midden-Oosten als apostel van genade. Onder andere verkondigde hij het Evangelie aan de Sultan, die de leiding had over de Islamitische legereenheden. Steve Bell beschrijft Franciscus als „een christen die evenwicht zocht in politiek realisme en een genadevolle houding ten opzichte van moslims."[10]

Christine Mallouhi beschouwt Franciscus, in haar boek *Verklaar Moslims de Vrede*, als een voorbeeld van het contact hebben met moslims in tijden van wederzijdse antipathie.[11] *„Het is zo dat wanneer het gebed van Franciscus van Assisi door ons wordt beantwoord, we in staat zijn alles te bedekken, alles te geloven, alles te hopen en alles te verdragen. (1 Cor. 13:7) Dit is bij uitstek het Bijbelse antwoord en veel meer dan een menselijke reactie op moslims."*[12]

---

[10] Steve Bell: „Grace for Muslims?", 5.
[11] Voor meer informatie over Franciscus van Assisi en wat we van hem kunnen leren, raad ik het boek Verklaar Moslims de Vrede van Christine A. Mallouhi (Amsterdam: Ark boeken, 2002) aan.
[12] Steve Bell: *„Grace for Muslims?"*, 7.

LEVEN MET MOSLIMS   LES 2

Gebed van Franciscus van Assisi

Heer, maak mij een instrument van uw vrede.
Waar haat het hart verscheurt,
laat mij liefde brengen.
Waar wordt beschuldigd,
laat mij vergeving schenken.
Waar verdeeldheid mensen van elkaar vervreemdt,
laat mij eenheid stichten.
Waar twijfel knaagt,
laat me geloof brengen.
Waar dwaling heerst,
laat me waarheid uitdragen.
Waar wanhoop tot vertwijfeling voert,
laat hoop doen herleven.
Waar droefenis neerslachtig maakt,
laat me vreugde brengen.
Waar duisternis het zicht beneemt,
laat me licht ontsteken.
Maak dat wij niet zozeer zoeken
om getroost te worden,
als wel om te troosten.
als wel om te begrijpen.
Om bemind te worden
als wel om te beminnen. Want wij ontvangen door te geven.
Wij vinden door onszelf te verliezen.
Om begrepen te worden
Wij krijgen vergeving door vergeving te schenken
en wij worden tot eeuwig leven geboren
door te sterven.
Amen

LES 3: MOSLIMS BEGRIJPEN

Doel van deze les: leren over enkele van de belangrijkste leerstellingen en praktijken van moslims

1   Inleiding

Nu we aandacht besteed hebben aan onze houding en geleerd hebben om moslims tegemoet te treden met een houding van genade zijn we in staat om duidelijker kennis te nemen van de achtergronden en leerstellingen van de Islam. Zoals we gezien hebben in de vorige les is één van de kenmerken van een houding van genade dat we de Islam leren zien door de bril van moslims. Daarom is voor de informatie van deze les zoveel mogelijk gebruik gemaakt van islamitische bronnen.[13] Bovendien is de inhoud van deze les doorgenomen met een imam, een islamitisch geestelijk leider.

2   Jona in de Islam[14]

We hebben in de vorige lessen nagedacht over de profeet Jona aan de hand van de Bijbel. In deze les willen we stilstaan bij wat de Islam over Jona leert. Volgens de islamitische overlevering zou het graf van de profeet Jona (die in het Arabisch overigens 'nabi Joenoes' wordt genoemd) zich bevinden in het huidige Mosoel, 400 km van Bagdad in Iraq. Dit is de plek waar in de oudheid Nineve lag. In de zogenaamde 'Joenoes moskee' bevindt zich het graf van Jona, versierd met walvisbotten.[15]

---

[13] B.v. het Engelstalige boekje "Islam: A brief Guide", uitgegeven door The Muslim Educational Trust, Engeland.

[14] Van http://www.angelfire.com/on/ummiby1/jonah.html en http://etext.virginia.edu/journals/ssr/issues/volume3/number1/ssr03-01-e02.html.

[15] De moskee werd in juli 2014 door een bombardement van IS moslim extremisten verwoest.

LEVEN MET MOSLIMS   LES 3

A   Verwijzingen naar Jona in de Koran

We vinden de naam en/of het verhaal van Jona in de volgende Koran-teksten:

Soera (=hoofdstuk) 4:163; Soera 10:98-100; Soera, 21:87, 88, Soera 37:139-148; Soera 68:48-50.

Soera 10 draagt de naam 'Joenoes' en is naar Jona genoemd. In de Koran wordt Jona soms 'de visman' of 'de man in de vis' genoemd.

Wacht dus geduldig tot het oordeel van uw Heer en wees niet als de Visman toen hij riep en benard was. Zo niet een weldaad van zijn Heer hem overkomen was zouden Wij hem uitgeworpen hebben op een kale plek in verachting. Doch toen gaf zijn Heer hem uitverkiezing en maakte hem tot een der zaligen. (Soera 68:48-50)

En de Visman toen hij verbolgen heenging en meende dat Wij niets tegen hem vermochten. Toen riep hij uit in de duisternissen: Er is geen ander god dan Gij Lofprijzing aan U! Ik behoorde tot de onrechtdoeners. Toen verhoorden Wij hem en redden Wij hem uit de bekommernis. Aldus redden Wij de gelovigen. (Soera 21;87, 88)

En ook Yunus behoorde tot de uitgezondenen toen hij wegvluchtte naar het welbeladen schip. Toen lootte hij en hij werd een der verworpenen. Toen slokte de vis hem op daar hij laakbare dingen deed. En zo hij niet had behoord tot de lofprijzenden zou hij in zijn buik gebleven zijn tot de dag waarop zij worden opgewekt. Toen wierpen Wij hem uit op een kale plek waar hij ziek neerlag. Wij deden boven hem groeien een struik met uitgestrekte bladeren. En Wij zonden hem uit tot honderdduizend of nog meer. Toen werden zij gelovig waarop Wij hun levensgenot gaven voor bepaalde tijd.(Soera 37: 139-148)

Had er dan geen andere stede kunnen zijn die gelovig werd en aan wie haar geloof baat bracht dan het volk van Yunus? Toen zij gelovig werden namen Wij van hen weg de bestraffing der vernedering in het nabije leven en deden Wij hen genieten tot een bepaalde tijd. En zo uw Heer gewild had zouden allen die op aarde zijn gezamenlijk tot geloof

LES 3 — LEVEN MET MOSLIMS

gekomen zijn zult gij dan de mensen dwingen opdat zij gelovigen worden? En niet staat het aan een ziel dat zij gelovig wordt tenzij met verlof van God maar Hij legt de gruwel op hen die geen begrip hebben. (Soera 10: 98-100)

De Koran, uit het Arabisch vertaald door prof. dr. J.H. Kramers, bewerkt door drs. Asad Jaber en dr. Johannes J.G. Jansen (Amsterdam: Uitgeversmaatschappij AGON B.V., 1992).

B Samenvatting van wat de Islam leert over Jona

Aan de hand van deze Koranverzen en de Tradities (de zogenaamde Hadith, oftewel Overleveringen van wat Mohammed heeft gezegd of gedaan) kunnen we wat de Islam leert over Jona als volgt samenvatten:

Jona was een profeet die door God naar zijn eigen volk in Nineve gestuurd werd om hen te vermanen zich te bekeren van hun veelgodendom en alleen God (Allah) te aanbidden. Ondanks Jona's aansporingen gaven de mensen van Nineve geen gehoor aan de boodschap van Jona. Daarop vertrok Jona boos uit Nineve om aan boord van een schip te gaan. Nauwelijks was Jona vertrokken of de lucht werd vuurrood. De mensen van Nineve werden erg bang en bekeerden zich van hun veelgodendom en begonnen tot God te roepen.[16] Daarom toonde God hen mededogen. Vervolgens baden de inwoners van Nineve dat Jona terug zou keren om hen te leiden in de aanbidding van God.

Ondertussen was Jona aan boord van een schip. Hoewel het aanvankelijk in rustig water voer, stak er plotseling een hevige storm op en het schip leek te gaan breken. De scheepslading werd overboord gegooid, maar dit hielp niets. Tenslotte werd besloten om tenminste één van de passagiers overboord te gooien. Het slachtoffer werd door middel van loting bepaald. Het lot viel op Jona. Omdat hij een gerespecteerde passagier was, wilde men hem echter niet overboord gooi-

---

[16] Razi, één van de Korancommentatoren is van mening dat het op de Joodse Grote Verzoendag was dat de inwoners van Nineve zich bekeerden. De reden dat Razi deze dag noemt kan te maken hebben met het feit dat op die dag tijdens het middaggebed het boek Jona in zijn geheel gelezen wordt.

LEVEN MET MOSLIMS — LES 3

en en er werd een tweede, en zelfs een derde keer geloot, maar telkens viel het lot op Jona. Jona werd in zee gegooid en een grote walvis slokte hem op. Jona kwam terecht in de duisternis van de maag van de vis waar hij drie dagen was. Uit de vis bad hij tot God. God hoorde Jona's gebed en toonde erbarming en liet de vis hem uitspugen op het droge op een afgelegen eiland, ziek en verzwakt. Als teken van zijn weldaad aan Jona liet God een pompoenstruik groeien. Tenslotte vergaf God hem en genas hem. Hij reisde terug naar zijn stad Nineve en de gehele bevolking liep uit om hem te verwelkomen. Ze vertelden hem van hun bekering tot God en samen dankten ze de Barmhartige God.

C   Jona in het leven van moslims heden ten dage

Voor moslims vandaag wordt Jona als identificatiefiguur gezien, zoals blijkt uit de volgende voorbeelden:

a. Op internet schreef een meisje "Als jullie willen slagen voor een examen of iets anders (proefwerk of zo) lees dan het gebed van Jona, toen hij in de vis zat."

b. Wanneer een cyberimam de vraag krijgt of het goed is dat twee moslima's van huis weglopen, zegt hij: "Het thema 'weglopen van huis' wordt ook in de Koran behandeld. De profeet Joenoes probeerde weg te lopen van zijn 'huis' (in dit geval het gebied dat Allah hem had aangewezen om naar toe te gaan). Als straf liet de Almachtige Joenoes opeten door een vis, en verbleef hij 40 dagen in de buik ervan. Hij werd vergeven door de Almachtige en kreeg een kans op een tweede leven."

c. In een preek van een imam wordt Jona gebruikt als voorbeeld van iemand die toen hij in diepe duisternis was, zich aan God onderwierp. (Islam betekent 'onderwerping').

Gespreksvragen

1. Wat valt u op wanneer u het Bijbelse verhaal van Jona vergelijkt met dat van de Koran en de islamitische tradities?
2. Hoe denkt u dat de overeenkomsten en verschillen te verklaren zijn?

LES 3   LEVEN MET MOSLIMS

Verschillende Aspecten van de Islam

We zullen nu kijken naar verschillende aspecten van de Islam.

1   Het ontstaan van de Islam

Hoewel de Islam als zelfstandige godsdienst pas is ontstaan in de 6^e eeuw na Christus, gaat de oorsprong van de Islam, in de ogen van veel moslims, veel verder terug. In Soera 3:67 lezen we" *Niet was Ibrahim een jood en niet een christen, maar hij was een godzoeker, een over- gegevene."*

Het woord 'overgegevene' is het woord 'moslim'. Het woord 'Islam' betekent 'overgave' of 'onderwerping' aan God en een moslim is 'iemand die zich overgeeft of onderwerpt aan God'. Abraham wordt dus als een stamvader van moslims beschouwd en veel moslims geloven dat zij nakomelingen van Abraham zijn via Ismaël. Ismaël speelt in de islamitische traditie een belangrijke rol.

2   De persoon Mohammed

Mohammed werd in 571 na Christus in Mekka (Saoedi-Arabië) geboren. Zijn vader stierf voor zijn geboorte en zijn moeder overleed toen hij zes jaar oud was. Op 25-jarige leeftijd trouwde hij met de weduwe Khadija. Op 40-jarige leeftijd begon hij, volgende moslims, openbaringen van God (Allah) te ontvangen. Hij was de overtuiging toegedaan dat hij in de lijn stond van de profeten als Mozes, David en Jezus en dat hij als laatste profeet de mensen, net als zijn voorgangers opriep om de enige, ware God te aanbidden. De mensen in Mekka waren gewoon vele goden te aanbidden. Mohammed nodigde hen uit tot de Islam (= onderwerping aan God). Een aantal gaven gehoor en werden moslims (=hij die zich onderwerpt aan God), maar anderen wezen hem af. Van lieverlee nam het aantal volgelingen toe. In de beginperiode ondervonden Mohammed en zijn volgelingen felle oppositie van de mensen in Mekka. Na 12 jaar (d.w.z. in 622) verhuisden Mohammed en zijn volgelingen naar de stad Yathrib, die later Medina (=stad

LEVEN MET MOSLIMS LES 3

van de profeet) genoemd werd. In Medina werden Mohammed en zijn volgelingen gastvrij ontvangen en korte tijd later werd Mohammed naast geestelijk leider ook politiek leider van de stad en grondvestte hij de eerste islamitische staat. Dat deze verhuizing van Mekka naar Medina een belangrijke ontwikkeling was in de geschiedenis van de Islam blijkt wel uit het feit dat met deze gebeurtenis de Islamitische jaartelling begint. In de jaren die volgden breidde het aantal volgelingen van Mohammed zich steeds verder uit. Mohammed, die in de Koran omschreven wordt als 'een zegen voor de mensheid' en 'een uitstekend voorbeeld om na te volgen', stierf in 632 op 63-jarige leeftijd. Na zijn dood werden de openbaringen die Mohammed had ontvangen samengebracht in een boek, de Koran. Ook werden zijn uitspraken en voorbeelden bijeengebracht in een serie boeken, genaamd de Sunnah.

3 De uitbreiding van de Islam

Toen Mohammed in 632 stierf woonden moslims voornamelijk in Saoedi Arabië, maar in de jaren die volgden breidde de islam zich uit naar het noorden (Syrië en Jordanië), oosten (Iran en Iraq) en westen (Egypte en Algerije) en rond 750 was geheel Noord-Afrika en zelfs Spanje onder islamitisch bewind. Rond 1500 waren meer gebieden in Afrika en Azië islamitisch en maakte ook Indonesië deel uit van de islamitische wereld. In de 14^e eeuw ontstond het islamitische Ottomaanse Rijk. Dit Rijk, ontstaan in Turkije, heeft eeuwenlang grote invloed gehad in het Midden-Oosten en Centraal Europa en voor een belangrijk deel bijgedragen aan het ontstaan van de Islam in Centraal en Oost-Europa, b.v. in landen als Albanië en Bosnië.

Momenteel is de Islam in zo'n 40 landen de belangrijkste godsdienst. De Arabieren maken zo'n 20% van alle moslims uit, daarnaast wonen er veel moslims in Indonesië (196 miljoen), Pakistan (166 miljoen), Bangladesh (150 miljoen), India (150 miljoen), Nigeria (70 miljoen), Turkije (70 miljoen), Iran (68 miljoen). In Europa (inclusief Rusland) wonen momenteel ruim 50 miljoen moslims.

LES 3   LEVEN MET MOSLIMS

4 Wat moslims geloven

De geloofsleer van de Islam bestaat uit zes geloofsartikelen. Moslims geloven in:

1) Allah (God)
2) engelen
3) de geschriften van God
4) de profeten
5) de laatste dag
6) voorbeschikking (predestinatie)

Vijf ervan worden vermeld in de Koran in soera 2:177 *"... maar vroom is wie gelooft aan God en de Laatste Dag en de engelen en de Schrift en de profeten"*.

De drie belangrijke leerstellingen van de Islam zijn:

a) Tawhid (= de eenheid van God)
b) Risalah (= profeetschap)
c) Akhirah (= leven na de dood)

a   Tawhid

De Tawhid (= de eenheid van God) is de belangrijkste islamitische leerstelling. Moslims geloven dat alles wat bestaat zijn bestaan heeft te danken aan de ene en enige Schepper, die de Onderhouder is en de enige Bron van Leiding. Deze opvatting bepaalt alle aspecten van het leven van een moslim. Erkenning van deze waarheid leidt tot een eenheid van het leven, waarbinnen een verdeling tussen religieus en seculier wordt afgewezen. God (Allah) is enige bron van macht en gezag, en dient aanbeden en gehoorzaamd te worden. God heeft geen partner, noch zoon of dochter. De mensen zijn Zijn onderdanen. Hij is de Enige, Hij is de Eeuwige, Hij is de Eerste en Laatste, en er is niemand Hem gelijk. Geloof in de Tawhid staat centraal in het leven van een religieuze moslim en hij zorgt ervoor om de wetten van God in geheel zijn of haar leven te gehoorzamen om daarmee Gods welbehagen te verdienen.

LEVEN MET MOSLIMS   LES 3

b   Risalah

Risalah betekent 'profeetschap'. Moslims geloven dat God de mens niet zonder leiding voor zijn gedrag heeft gelaten. Sinds de schepping van de eerste mens, heeft God zijn leiding aan de mensheid geopenbaard door middel van zijn profeten. Profeten die boeken van God ontvingen worden 'boodschappers' genoemd. Alle profeten en boodschappers kwamen met dezelfde boodschap: ze spoorden de mensen van hun tijd aan om niemand anders dan God te gehoorzamen en te aanbidden. Telkens wanneer de woorden van een profeet door de mensen werden verdraaid, stuurde God een andere profeet om hen terug te brengen op het rechte pad. Het keten van profeetschap begon met Adam en loopt o.a. via Noach, Abraham, Ismaël, Izaäk, Lot, Jakob, Jozef, Mozes, David en Jezus en eindigt met Mohammed, die door moslims beschouwd wordt als de laatste boodschapper van God aan de mensheid. De geopenbaarde boeken van God zijn:
a) De Thora (Tawrah); b) De Psalmen (Zabur); c) Het Evangelie (Injil); d) De Koran. De Koran wordt door moslims als het laatste boek met Gods Leiding beschouwd.

c   Akhirah

Akhirah betekent 'leven na de dood'. Geloof in 'Akhirah' heeft grote invloed in het leven van een moslim. Moslims geloven dat ieder mens verantwoording verschuldigd is aan God (Allah). Op de Dag des Oordeels wordt ieder mens geoordeeld op grond van hoe ze op aarde geleefd hebben. Wie heeft gehoorzaamd en God aanbeden krijgt een plaats in het Paradijs, wie dat niet heeft gedaan gaat naar de hel, een plaats van straf en pijniging. God weet alle gedachten en motieven; engelen noteren alle daden van de mensen. Moslims worden aangespoord steeds in gedachten te houden dat ze op basis van hun gedrag geoordeeld worden om zodoende zoveel mogelijk volgens de wil van God te leven.

LES 3   LEVEN MET MOSLIMS

5   De belangrijkste religieuze plichten voor een moslim

De Islam kent vijf belangrijke religieuze plichten, vaak pijlers of zuilen van de Islam genoemd. Veel moslims geloven dat wanneer deze plichten regelmatig, correct en oprecht worden uitgevoerd het hun leven in overeenstemming brengt met de bedoelingen van de Schepper. Regelmatige beoefening van deze plichten zou een moslim moeten inspireren tot het zich inzetten voor rechtvaardigheid en gelijkwaardigheid in de samenleving en het bestrijden van onrechtvaardigheid, oneerlijkheid en kwaad.

a   Shahadah (geloofsbelijdenis)

Deze geloofsbelijdenis luidt: *"Er is geen God dan Allah. Mohammed is de boodschapper van Allah."*

Deze geloofsbelijdenis bevat de zojuist genoemde leerstellingen van tawhid en risalah.

Deze belijdenis is de basis van alle daden in de Islam en het uitgangspunt van de overige vier plichten.

b   Salah (ritueel gebed)

Moslims worden geacht vijf keer daags een ritueel gebed uit te spreken, hetzij gezamenlijk met anderen (in de moskee of elders), hetzij individueel.

De tijden van elk gebed worden nauwkeurig bepaald aan de hand van de stand van de maan en vallen in de volgende periodes: I. Tussen dageraad en zonsopgang; II tussen 12 uur en 15:00 uur 's middags; III tussen 15:00 uur en zonsondergang; IV net na zonsondergang; V tussen nacht en dageraad.

Aan de gebeden, die in het Arabisch worden uitgesproken en vaste teksten bevatten, gaan diverse rituele reinigingen vooraf. De gebeden worden uitgesproken terwijl men voorgeschreven lichaamshoudingen aanneemt. Elk gebed neemt enkele minuten in beslag. Een islamitische organisatie beschrijft het gebed als "een systeem van geestelijke, morele en fysieke oefening en maakt een moslim werkelijk gehoorzaam aan zijn Schepper."

c   Zakah (aalmoezen)

Zakah is een jaarlijkse verplichte bijdrage van iemands spaartegoed. Zakah, wat letterlijk 'reiniging' betekent is een bijdrage ter waarde van 2,5% van iemands geld, juwelen en edele metalen. Voor de waarde van dieren, gewas en mineralen geldt een ander percentage. Zakah kan alleen worden besteed aan armenzorg, hulp aan gehandicapten, onderdrukten, mensen die in schulden zijn geraakt en andere goede doelen, zoals beschreven in de Koran en de Sunnah. Zakah wordt beschouwd als een eredienst om uit te drukken dat iemands rijkdom en bezit aan God toebehoort en hij of zij een rentmeester daarvan is.

d   Sawm (vasten)

Sawn is een jaarlijks verplicht vasten in de maand Ramadan, de 9e maand van de islamitische kalender. Van zonsopgang tot zonsondergang dient een moslim zich te onthouden van eten, drinken, roken en seksuele gemeenschap. Eén van de islamitische organisaties omschrijft 'Sawm' als *"een jaarlijks trainingsprogramma om de moslim te helpen in zijn vastberadenheid om zijn verplichtingen jegens de Schepper en Onderhouder na te komen."*

e   Hadj (bedevaart)

Hadj is een jaarlijkse gebeurtenis, die iedere moslim geacht wordt één keer in zijn of haar leven te maken. Het is een bedevaart naar de Ka'aba in Mekka in de 12e maand van de islamitische kalender. De 'Hadj' symboliseert voor moslims de eenheid van de mensheid. Moslims van allerlei rassen en nationaliteiten komen als één samen, gekleed in rituele kledij, om God (Allah) te aanbidden.

Veel moslims zeggen dat de pelgrim, in zijn rituele kledij, het unieke gevoel ervaart om in de tegenwoordigheid van de Schepper te zijn, aan Wie hij toebehoort en tot Wie hij na zijn dood terugkeert.

LES 3 LEVEN MET MOSLIMS

6 Gezaghebbende bronnen in de Islam

De twee belangrijkste bronnen van gezag waarop de leer en het leven van moslims gebaseerd is, zijn a) de Koran en b) de Soenna. Daarnaast spelen wetscholen en de sjaria een grote rol.

a Koran

De Koran is het heilige boek van mensen en in hun overtuiging het laatste boek van God (Allah) om de mensheid leiding te geven. Moslims geloven dat de Koran aan Mohammed is geopenbaard door de engel Gabriël gedurende een periode van 23 jaar. Elk woord is door God ingegeven. De Koran bestaat uit 114 hoofdstukken (soera's) en ruim 6.000 verzen. Moslims leren Koranverzen uit hun hoofd en er zijn er die de hele Koran gememoriseerd hebben. Moslims worden geacht hun best te doen om de Koran te begrijpen en haar onderwijs in praktijk te brengen. Veel moslims geloven dat de Koran uniek is in de wijze waarop het is geopenbaard. Veel moslims zijn ervan overtuigd dat de Koran lessen bevat voor elk aspect van het menselijk bestaan. In de Koran vinden we de drie leerstellingen die we al genoemd hebben: tawhid, risalah en akhirah. Veel moslims geloven dat hun succes in dit leven en in het hiernamaals afhangt van de mate waarin ze gehoorzaam zijn aan het onderwijs van de Koran.

b Soenna

De Soenna is het voorbeeld van Mohammed. De Soenna vinden we in de zogenaamde Hadieth (= overlevering). De Hadieth zijn verzamelingen van daden en uitspraken van Mohammed, en maken duidelijk hoe hij de woorden van de Koran interpreteerde en toepaste. Deze verzamelingen werden na zijn dood bijeengebracht. Er zijn veel verzamelingen in omloop, maar zes ervan worden in het algemeen als gezaghebbend en authentiek beschouwd, te weten de verzamelingen van Bukhari, Muslim, Tirmidhi, Abu Dawud, Nasa'i en Ibn Majah.
In de Hadieth komen onderwerpen ter sprake zoals de tijden en kenmerken van het islamitisch gebed, de rituelen rondom de feestdagen,

hoe op een islamitische manier handel te drijven, zaken rondom erfenis en nalatenschap, het afleggen van eden, omgaan met afvalligen van de islam etc.

c **Wetscholen**

In de Soenni Islam kent men vier wetscholen, t.w.:
1) de Hanifi school (vooral in Turkije, de Balkan, Centraal Azië, India, Pakistan, Bangladesh);
2) de Malikischool (vooral in Noord-Afrika);
3) de Shafi'i school (vooral in Jemen, Egypte, Syrië, Zuidoost Azië en Oost-Afrika);
4) de Hanbalischool (vooral in Saoedi Arabië).

De scholen onderscheiden zich van elkaar door de verschillende waarde die ze toekennen aan.
 a) de voorschriften in de Koran
 b) de soenna
 c) de consensus van wetgeleerden
 d) overeenkomsten met situaties ten tijde van Mohammed
 e) gezond verstand

d **Sjaria**

Sjaria is een Arabisch woord verwijzend naar 'een weg naar een plaats om te drinken of naar een bron', wat een metafoor is voor redding. Het is het handelingsvoorschrift van Islam. De sjaria is afkomstig uit vier bronnen: a), b), c), d)

 a) de voorschriften vermeld in de Koran
 b) het voorbeeld van Mohammed in de Soenna
 c) de consensus van de religieuze geleerden
 d) een weloverwogen mening gebaseerd op analogie (een vergelijking met een zaak die overeenkomstig is) van de Koran en de Soenna.

Moslims verschillen precies in dat wat dit met zich meebrengt. Modernisten, traditionalisten en fundamentalisten houden er een verschillende visie van de sjaria op na, evenals de volgelingen van de verschillende scholen van Islamitisch denken en wetenschap. Landen en culturen, die zich van elkaar onderscheiden hebben eveneens allerlei interpretaties van de sjaria.

De sjaria bevat zowel religieuze als wettelijke normen. Het houdt zich bezig met veel onderwerpen, ontstaan vanuit de seculiere wetgeving, inclusief misdaad, politiek en economie evenals zaken gericht op het individu, zoals seksualiteit, hygiëne, voeding, gebed en vasten. Het feit dat veel moslims in niet-islamitische landen wonen brengt een nieuwe situatie voor de islamitische wetgeving met zich mee. Onder rechtsgeleerden van de islamitische gemeenschappen in Europa vinden discussies plaats hoe de voorschriften van sjaria in overeenstemming gebracht kunnen worden met de Europese systemen van wetgeving.

7 Stromingen in de Islam

Het aantal moslims wordt wereldwijd geschat op 1,5 miljard mensen. Binnen de Islam kunnen we diverse stromingen onderscheiden. De belangrijkste stromingen zijn de soennieten en de sjiieten. Ongeveer 80% van alle moslims wereldwijd behoort tot de soennieten. De tweede grootste groep (ongeveer 15%) zijn de zogenaamde sjiieten.

We vinden sjiieten vooral in Iran en Iraq, maar ook in vele andere landen. Een belangrijk onderscheid met de soennieten is dat de sjiieten, Ali, de schoonzoon van Mohammed en zijn nakomelingen beschouwen als de wettige erfgenamen van het politiek- en religieus leiderschap van moslims. Daarnaast geloven ze in de onfeilbare imam, een incarnatie van de godheid, die bovenmenselijke kennis bezit. Ze verwachten dat de 12^e imam, die in 869 verdween, terug zal komen en de wereldheerschappij van de islam zal bewerkstelligen.

Binnen deze twee belangrijkste stromingen zijn er een aantal kleinere groepen en/of afsplitsingen van de Islam, zoals de Murdji'ieten, de Mu'tazilieten, de Isma'ilieten en de Druzen. Sommige groeperingen ervan worden niet erkend als zijnde 'echte' moslims. Andere stromingen die we kunnen onderscheiden zijn de volgende:

LEVEN MET MOSLIMS LES 3

## A	Ahmadiyya gemeenschap

De Ahmadiyya gemeenschap is ontstaan in Pakistan en heeft momenteel haar hoofdkantoor in Engeland. Deze beweging is in de 19^e eeuw opgericht door Mirza Ghulam Ahmad Qadiami. Mirza Ahmad beweerde goddelijke openbaring te hebben ontvangen en ook dat hij de beloofde Messias was. Zijn volgelingen geloven niet dat Mohammed de laatste profeet was en zij geloven dat Jezus is gestorven en werd begraven in Srinagar, Kashmir. Men claimt wereldwijd tientallen miljoenen aanhangers te hebben.

## B	Bahai

De Bahai ontstond in 1844 in het huidige Iran toen Ali Mohammed aankondigde 'de Poort' (Bab) te zijn, naar een religieuze traditie onder de sjiieten. De Bahai geloven in de eenheid van God en de mensheid, gelijkheid van man en vrouw, harmonie van religie en wetenschap en onafhankelijk zoeken naar de waarheid. Ze beschouwen Mohammed niet als de laatste en grootste profeet, maar als een van velen. Ze erkennen de Koran niet als de laatste openbaring, maar als gelijkwaardig aan andere boeken, waaronder de geschriften van Bahai. Men schat het aantal aanhangers wereldwijd op zo'n 7 miljoen mensen. Bahai worden als afvallige moslims beschouwd en in sommige islamitische landen vervolgd.

## C	De Salafi beweging (Wahhabisme)

Deze beweging verwijst naar de "eerzame voorvaders"- de eerste drie generatie moslims na Mohammeds dood. De beweging is opgericht door Muhammad ibn 'Abd al-Wahhad (1703-1787) in Saoedi Arabië en wordt daarom ook wel 'Wahhabisme' genoemd. De Salafi beweging is gebaseerd op een puriteinse traditie. Ze hanteert een letterlijke interpretatie van de Koran en verwerpt alles wat niet gebaseerd is op de oorspronkelijke bronnen van de Islam. De Salafi beweging heeft grote invloed in Saoedi Arabië en probeert vanwege het geld en de invloed van Saoedi Arabië haar opvattingen ook elders ingang te doen vinden.

LES 3 LEVEN MET MOSLIMS

D Soefisme

Het soefisme is de mystieke stroming in de Islam, die zijn oorsprong heeft in de vroege Islam. De aanhangers worden 'soefi's' genoemd. Soefi komt vermoedelijk van het Arabische *soef*, dat wol betekent. De eerste soefi's droegen grove wollen kleding, verwijzend naar de eenvoudige kleding die die vroegere moslim asceten droegen. Het kan ook verwijzen naar 'safa' (reinheid), wat verklaart waarom soefisme zuiverheid van hart en ziel benadrukt. Hoewel ze geloven in de Koran en de Soenna, leggen soefi's meer nadruk op het innerlijke leven, op het bereiken van de nabijheid van God, dan het uiterlijk gehoorzamen van de religieuze plichten. Volgens het soefisme is de basis van godsdienst liefde voor God. We moeten God liefhebben voor Wie Hij is, niet voor een beloning of uit angst voor straf. God wordt aangesproken als de Eeuwige Geliefde.

Veel soefi's zoeken persoonlijk contact met het goddelijke door middel van dans en muziek, het reciteren van Koranverzen en gedichten, waardoor men in extase raakt. Er zijn wereldwijd miljoenen soefi's zowel onder de soennieten als onder de sjiieten.

E De Alevieten

Ongeveer 15 miljoen moslims zijn Aleviet. Zij komen vooral veel voor in Turkije en kleinere aantallen in Syrië, Iran en Irak. Het is moeilijk absolute kenmerken over hun geloof en de praktijk ervan te beschrijven, omdat de Alevieten over een grote variëteit beschikken wat betreft de beleving van geloofszaken en de uiting ervan. Er bestaan veel overeenkomsten tussen Alevieten en de Bektashies van de Balkan.

Alevieten zijn volgelingen van Ali, de schoonzoon van de profeet Mohammed en zij geloven dat hij de opvolger van hem is. Veel Alevieten stellen Ali gelijk aan Mohammed en gebruiken de naam Mohammed Ali voor deze persoon. Er wordt wel gezegd, dat het Alevisme een mengsel is van de beste elementen van het christendom, het Jodendom, het Manicheïsme, het Zoroastrisme, het Sjamanisme en het Humanisme van de 20ste eeuw. De meeste Alevieten geloven niet in

LEVEN MET MOSLIMS — LES 3

een God, die de mens die zich aan Zijn regels houdt in dit aardse leven, beloont met eeuwige gelukzaligheden in de hemel.

Alevieten interpreteren de Koran esoterisch, naar binnen gericht of op een mystieke manier. Voor hen zijn er veel diepere religieuze waarheden in de Koran dan de strikte regels en voorschriften die in de letterlijke tekst aanvankelijk aan de oppervlakte komen. Los van de religieuze boeken zijn misschien wel de belangrijkste bronnen van het gedachtegoed van het Alevisme de mystieke gedichten en de gezongen balladen die van generatie op generatie zijn overgeleverd. Veel balladen hebben geen geschreven tekst, maar zijn mondeling overgeleverd. Deze gedichten en balladen maken onderdeel uit van de godsdienstige samenkomsten, waarbij de Alevieten proberen te komen tot een diepere relatie met de geestelijke leider van de bijeenkomst en met God. Tijdens de dienst spreekt de leider gebeden uit, terwijl hij korte boodschappen doorgeeft, balladen in een solopartij zingt en de aanwezigen begeleidt bij het zingen. Een ander belangrijk element is de snel draaiende, cirkelvormige rituele dans, die uitgevoerd wordt door daarvoor speciaal aangewezen mannen en vrouwen, waarvan het aantal varieert. De bijeenkomst wordt voornamelijk in het Turks gehouden, inclusief de gebeden en het gezang.

Alevieten onderschrijven niet de idee van een hardvochtige God die de mens oordeelt over hoe hij zijn religieuze verplichtingen heeft uitgevoerd tijdens het aardse leven. Alevieten hebben de neiging om niet vijf maal per dag te bidden en zij houden ook geen Ramadan. In plaats daarvan vasten zij 12 dagen tijdens de eerste maand van de Islamitische kalender.

Het bezoeken van Mekka behoort ook niet tot de Alevitische praktijk. Het is veel meer gebruikelijk om graven van Alevi-Bektashi heiligen te bezoeken en daarbij de gebeden uit te voeren.

Alevitische vrouwen hebben hun diensten samen met de mannen en ze hoeven zich niet te houden aan speciale kledingvoorschriften. Alevitische vrouwen zijn vrij om zichzelf modern te kleden.

LES 3 — LEVEN MET MOSLIMS

F Volksislam

Hoewel niet een echte stroming in de Islam, kunnen we toch niet voorbij gaan aan de zogenaamde 'volksislam'. In het dagelijks leven van veel moslims gaan orthodoxe opvattingen, zoals eerder genoemd, samen met gebruiken die waarschijnlijk hun oorsprong vinden in voor-islamitische praktijken. Te denken valt dan o.a. aan rituelen rondom geboorte, puberteit, huwelijk en begrafenissen etc. Ook gebruiken die van doen hebben met bescherming tegen ongeluk (veel moslims verwijzen daarbij naar het zogenaamde 'boze oog'). Bij onvruchtbaarheid van de vrouw wordt soms de hulp ingeroepen van overleden islamitische heiligen. Ook dromen, voorspellingen, het uitspreken van zegeningen of vervloekingen, spelen in het leven van veel traditionele moslims een grote rol.

8 Islamitische cultuur en gewoonten

Voor een goede omgang met moslims is het van belang om iets van de islamitische cultuur en gewoonten te kennen. Uiteraard is het onmogelijk om op een beknopte manier de cultuur en gewoonten van álle moslims in ons land weer te geven. Er zijn onderling grote verschillen en het is belangrijk dat we in een persoonlijk gesprek met moslims leren over hun eigen culturele achtergronden en gewoonten. Hier willen we volstaan met het noemen van enkele punten die voor het merendeel van de moslims geldt.

A Het islamitisch jaar

De islamitische jaartelling begint in 622 na Christus. Het islamitisch jaar bestaat uit 12 maan(maanden) en het kalenderjaar is dus 11 dagen korter dan de westerse kalenderjaren. Het jaar 2014 bijvoorbeeld, is het jaar 1435-1436 AH (Anno Hijrah, het jaar waarin Mohammed uit Mekka naar Medina vluchtte).

B Islamitische feesten

De Islam kent twee belangrijke feesten, namelijk: a) Suikerfeest (= Id al Fitr) en b) het Offerfeest (= Id al Adha). Het Suikerfeest vindt plaats

LEVEN MET MOSLIMS — LES 3

op de eerste dag na de vastenmaand Ramadan. Op deze dag gaan veel moslims naar de moskee, bezoeken familie en vrienden, maken speciaal eten klaar en men kleedt zich feestelijk. Het offerfeest (ook wel slachtfeest genoemd) vindt plaats van de 10^e tot de 13^e dag van de twaalfde maand. Tijdens dit feest herdenkt men de bereidheid van Abraham om zijn zoon (waarvan moslims geloven dat het Ismaël was) te offeren. God voorzag in een mannelijk dier dat Abraham slachtte in plaats van zijn zoon. Tijdens het offerfeest slachten moslims schapen, geiten, koeien of kamelen. Het vlees wordt gegeten en gedeeld met vrienden, buren en familieleden.

C Huwelijk

Het huwelijk is voor moslims een heilig iets. Men wijst seks voor het huwelijk af. In veel landen spelen ouders nog een belangrijke rol bij de keuze van de huwelijkspartner. Hoewel de Koran het hebben van meerdere vrouwen toestaat, is dit in veel islamitische landen bij de wet verboden.

D Dieet

Het is moslims verboden om varkensvlees, bloed van dieren en dieren die niet geslacht zijn in de naam van God (Allah) te eten. Volgens de islamitische wet moeten dieren op een humane manier worden geslacht door met een scherp mes de keel door te snijden waardoor er veel bloed vloeit. Ook moet tijdens het slachten de naam van God aangeroepen worden. Het drinken van alcohol is voor moslims ook verboden.

E Kleding

Moslims worden aangespoord zich fatsoenlijk te kleden. Hieronder wordt verstaan: voor mannen dat ze zich vanaf de navel tot de knieën moeten bedekken; voor vrouwen dat ze hun hele lichaam, met uitzondering van het gezicht en de handen, moeten bedekken. Volgens sommige islamitische geleerden moeten vrouwen ook hun gezicht

LES 3 — LEVEN MET MOSLIMS

bedekken wanneer ze buitenshuis zijn. Mannen mogen geen vrouwenkleding dragen, noch puur goud of puur zijde.

> **Gespreksvragen**
> 1. Zijn er dingen die christenen van moslims kunnen leren? Zo ja, welke?
> 2. Noem eens wat overeenkomsten tussen moslims en christenen.

9 De belangrijkste problemen die moslims hebben met christenen

Wanneer christenen met moslims te maken krijgen, blijken er tal van zaken te zijn die moslims moeilijk te begrijpen of accepteren vinden wat betreft christenen.

a) ons geloof
b) onze geschiedenis
c) onnze moraal

a *Ons geloof*

Moslims begrijpen ons geloof in de Drie-eenheid niet en hebben de overtuiging dat christenen drie goden aanbidden. Zoals we eerder hebben gezien leggen moslims sterke nadruk op de eenheid van God en elke overtreding daarvan wordt als een zeer ernstige zonde beschouwd.

Hoewel de meeste moslims veel respect hebben voor Jezus en Hem erkennen als een belangrijk profeet, begrijpen ze niet hoe christenen over Jezus kunnen spreken als 'de Zoon van God'. Ze denken dat christenen daarmee geloven dat God de Vader seksuele omgang had met Maria en dat daaruit Jezus is geboren. Deze gedachte is voor moslims zeer verwerpelijk.

LEVEN MET MOSLIMS   **LES 3**

Omdat God almachtig is en Jezus zijn gezonden profeet is, kunnen Moslims ook niet begrijpen dat Christenen geloven dat God toestond dat Jezus op een mensonterende manier gekruisigd is. In de Koran wordt gesteld dat God vlak voor dat mensen Jezus wilde kruisigen, Hem in de hemel opnam en iemand anders Zijn gedaante liet aannemen en dat deze persoon vervolgens gekruisigd werd.

Tenslotte begrijpen moslims niet hoe christenen kunnen geloven in de onfeilbaarheid van de Bijbel, maar tegelijkertijd allerlei Bijbelvertalingen gebruiken en moeite hebben om een goede verklaring te geven over de tegenstrijdigheden in de Bijbel.

b   *Onze geschiedenis*

In de Middeleeuwen trokken christelijke legers uit Europa naar Israël om het beloofde land te reinigen van niet-christelijke invloeden. Hierbij zijn duizenden mensen (waaronder veel moslims) gedood. Moslims beschouwen deze kruistochten als een vorm van Christelijke 'jihad' (heilige oorlog).

In de 17^e tot en met de 20^e eeuw waren diverse christelijke landen (b.v. Spanje, Portugal, Engeland, Frankrijk, Nederland) koloniale machten die diverse landen van de wereld hun wil oplegden en daarbij geweld, uitbuiting, leugens en bedrog niet schuwden.

Moslims begrijpen vaak niet dat christenen onvoorwaardelijk steun geven aan de staat Israël, die soms ook geweld gebruikt om haar doelen te bereiken.

Veel moslims zijn van mening dat het Westen (wat voor veel moslims synoniem is voor het christendom) zich tot op de dag van vandaag schuldig maakt aan een gevoel van culturele, politieke en economische superioriteit en onvoldoende oog heeft voor de rijkdommen en inzichten van andere landen en culturen.

c   *Onze moraal*

Terwijl in de ogen van moslims, de Westerse wereld soms als een soort politieman de rest van de wereld naar haar hand probeert te

LES 3 — LEVEN MET MOSLIMS

zetten, lijkt ze geen oog te hebben voor de morele aftakeling van de westerse samenleving dat zich uit in de acceptatie van homoseksualiteit, het legaliseren van drugsgebruik en prostitutie, de abortus- en euthanasiepraktijken, huiselijk geweld, het hoge echtscheidingspercentage en de verspreiding van immoraliteit door middel van films en toerisme.

Gespreksvragen
1. Wat is uw eerste reactie op bovengenoemde kijk van moslims op aspecten van het christelijk geloof?
2. Hoe kunnen we reageren op deze punten?

Huiswerk
Bedenk twee vragen die u bij het bezoek aan de moskee aan een moslim wilt vragen
---

LEVEN MET MOSLIMS LES 4

LES 4:
BEZOEK AAN DE MOSKEE

Doel van deze les: moslims ontmoeten en hen bevragen over hun geloofsleven en -praktijk

Nu we nagedacht hebben over onze houding t.o.v. islam en moslims en kennis genomen hebben van enkele belangrijke geloofsopvattingen en -praktijken van moslims, is de tijd om met moslims in gesprek te gaan. We hebben geleerd dat een houding van genade zich kenmerkt door een bereidheid om de Islam te zien door de ogen van een moslim en door af te zien van het maken van een karikatuur van een moslim.

De beste manier om te weten wat moslims geloven, denken en doen is om rechtstreeks met hen in gesprek te komen. Ervaring leert dat moslims van harte bereid zijn om met christenen in gesprek te komen over hun geloof en ook om te luisteren naar wat christenen geloven. We willen daarom graag als onderdeel van deze cursus een bezoek brengen aan een moskee en een gesprek hebben met de moslims daar.

Wanneer u een bezoek aan de moskee brengt, zijn de volgende zaken van belang:

1. Draag gepaste kleding (d.w.z. geen korte broeken of korte rokken, geen blote schouders). Het kan zijn dat aan de vrouwen die de moskee willen bezoeken gevraagd wordt om hun hoofd te bedekken. In dat geval zijn er shawls in de moskee beschikbaar. U kunt natuurlijk ook zelf een shawl meenemen.

2. Het is gebruikelijk dat u gevraagd wordt om bij het betreden van de gebedsruimte uw schoenen uit te doen.

3. Bedenk vooraf welke vragen u graag zou willen stellen (de cursusleider kan u een lijst met voorbeeldvragen geven)

4. Blijf beleefd en respectvol ook wanneer u dingen hoort of ziet waarmee u het volstrekt oneens bent of wanneer men probeert u tot de Islam te bekeren. Het is zeer waarschijnlijk dat

LES 4 — LEVEN MET MOSLIMS

uw gastheren en –vrouwen de werkelijkheid (te?) rooskleurig voorstellen, maar bedenk dat u dat ook zou doen, wanneer een groepje moslims uw kerk bezoekt.

5. Wanneer u gevraagd wordt naar het christelijk geloof, probeer dan in uw antwoord zo persoonlijk mogelijk te zijn. B.v. in plaats van te zeggen: Het christendom vindt gebed heel belangrijk, zou u kunnen vertellen hoe u dagelijks uw noden en dankbaarheid bij God brengt.

6. Het doel van het bezoek is niet om uw gastheren en –vrouwen te bekeren, maar om van hen te leren. Echter, wanneer u gelegenheid heeft om op een respectvolle manier iets te vertellen over uw geloof in de Here Jezus, hoeft u dat zeker niet na te laten.

Opdracht na afloop van het bezoek aan de moskee

1. Wat heeft u het meest aangesproken van het bezoek aan de moskee?
2. Lees Handelingen 10 en denk na over de relatie tussen Cornelius en Petrus. Vergelijk Cornelius eens met de moslims die u heeft ontmoet hebt.
    a. Denk u dat God de gebeden van deze moslims hoort? Wat denk u dat er gebeurt wanneer zij bidden?
    b. Petrus leerde een belangrijke les van Cornelius. Wat heeft u geleerd van moslims?
    c. Wat waardeert u het meest in het geloof van de moslims?
    d. Cornelius had slechts één visioen nodig om tot actie over te gaan, Petrus drie. In hoeverre bent u zich ervan bewust dat christenen soms minder ontvankelijk zijn voor wat God te zeggen heeft, dan mensen van buiten de kerk?

LEVEN MET MOSLIMS   LES 5

LES 5:
RELATIES OPBOUWEN MET MOSLIMS

Doel van deze les: leren wat het betekent om een relationeel getuige te zijn en ons leven met moslims te delen.

> **Opdracht**
>
> **Praat met elkaar na over het bezoek aan de moskee en de vragen die u na afloop voor uzelf hebt beantwoord.**

We hebben nagedacht over onze houding ten aanzien van moslims en de Islam en hebben iets meer geleerd van de Islam en ook met moslims zelf gesproken. Nu is het tijd om met elkaar stil te staan bij de vraag hoe we onze levens kunnen delen met moslims en met hen in gesprek komen over ons geloof in Jezus Christus. Dit is het doel van deze vijfde en laatste les van deze cursus.

A   De menswording van Jezus: een model voor ons

In Johannes 1:14 lezen we: *"Het Woord is vlees geworden en het heeft onder ons gewoond."* De vleeswording (= 'incarnatie' in het Latijn) van Jezus Christus is een prachtig voorbeeld van hoe christenen vorm kunnen geven aan de evangelieprediking in hun leefwereld. Jezus nam de gestalte van een dienstknecht aan (Filippenzen 2: 5-8) en maakte deel uit van de gemeenschap. Hij nam deel aan het menselijke leven, hij stond zogezegd midden in de wereld. Hij deelde niet alleen het evangelie, maar zijn eigen leven.

De apostel Paulus volgt Jezus' voorbeeld wanneer hij in 1 Thessalonicenzen 2:8 schrijft:

"Zo waren wij in onze grote genegenheid voor u, bereid u niet alleen het evangelie Gods, maar ook ons eigen leven mede te delen, daarom, dat gij ons lief geworden waart."

LES 5 — LEVEN MET MOSLIMS

Dit vers beschrijft het werk van Paulus en zijn team in Thessaloniki. Ze hadden een diepe liefde voor de mensen aan wie ze het evangelie brachten. Ze deelden niet alleen het evangelie, maar ook hun eigen leven.

"De echte zendeling is niet iemand, die gespecialiseerd is in het overbrengen van een boodschap, maar iemand die zijn leven, dat volkomen is toegewijd aan de boodschap communiceert aan de toehoorders." [17]

In deze brief schrijft Paulus negen keer 'gij weet', waarmee hij aangeeft dat de mensen van Thessaloniki zijn leven van dichtbij hadden gadegeslagen.

We dienen 'incarnatie' en 'proclamatie' te integreren. Een belangrijk concept in de Bijbel is het "Koninkrijk van God". Gods verlossingsplan houdt in dat om Zichzelf te verheerlijken God alle dingen onder Christus zal brengen. Dit houdt niet alleen de verzoening van mensen met God in, maar de verzoening met God van 'al wat in de hemelen en op de aarde is' (Ef. 1:10). Deze verzoening vindt haar uiteindelijke bestemming in het toekomstige Koninkrijk van God. Maar ook nu al, in de tegenwoordige tijd, mogen we een glimp opvangen van het komende Koninkrijk. De kerk is niet alleen geroepen om het evangelie van het Koninkrijk te verkondigen (Mattheus 24:14), maar ook om het leven van het Koninkrijk zichtbaar te maken (Mattheus 5-7), en de werken van het Koninkrijk te volbrengen.

Wanneer we bovenstaande willen toepassen in onze omgang met moslims, kunnen we vijf dingen zeggen:

a   Evangelisatie is niet in de eerste plaats een activiteit, maar een levenswijze. Het gaat niet om wat we doen, maar om wie we zijn.

---

[17] Ernest Best, Black's New Testament Commentaries, ed., A commentary of the first and Second Epistles to the Thessalonians (Peabody, Messachusetts: Hendrickson Publishers, 1993), 102, 103.

LEVEN MET MOSLIMS   LES 5

b   Proclamatie van het evangelie dient samen te gaan met het lenigen van sociale en materiele noden, die vaak een direct of indirect gevolg zijn van een verbroken relatie met God.

c   Het leven van de gelovige dient in overeenstemming te zijn met de inhoud van het evangelie.

d   Wanneer moslims een getrouw beeld van Jezus Christus en de Bijbelse waarheden willen krijgen, moeten ze dat kunnen zien in de levens van de christenen die ze kennen en vertrouwen.

e   Wanneer christenen op een duidelijke manier de waarheid van het evangelie handen en voeten willen geven (incarneren dus) moeten zij in een relatie van liefde en vertrouwen moslims te leren kennen en begrijpen.

Dit alles betekent dat christenen hun leven met moslims delen.

> **Gespreksvraag**
>
> a   Wat zou het betekenen als iedere moslim in ons land tenminste één christenvriend(in) zou hebben?
>
> b   Wat betekent relationeel getuige-zijn?

'Wat ons verschillend maakt is niet simpelweg dat wat we geloven, maar hoe ons geloof invloed uitoefent op onze motivatie en daden. Wat ons anders maakt is hoe ons geloof ons leven transformeert... Zolang we niet leren de dynamische en getransformeerde relatie tussen ons geloof en ons gedrag aan de dag te leggen, is onze situatie niet beter dan ieder willekeurig ander geloof." [18]

Het geloofsgesprek met moslims dient bij voorkeur ingebed te zijn in een relatie van liefde, vertrouwen en respect. Het ontwikkelen van zo'n relatie vraagt tijd en inzet en gaat veel verder dan een eenmalige discussie over het christelijk geloof en de islam. Het betekent o.a. samen dingen doen, tijd met elkaar doorbrengen, interesse ontwikkelen in elkaars leven, het wel en het wee met elkaar delen. Vanuit oprechte

---

[18] Richard Sudworth in het boek "Distinctly Welcoming", blz. 48.

zorg en aandacht ontstaan gelegenheden om in gesprek te komen over de Bijbelse waarheden. Niet op een abstracte, afstandelijke manier, maar in verbondenheid met het leven van alledag.

In de context van uw relatie met de moslim leeft u het christelijk geloof uit. Dit gaat soms met woorden, soms met daden gepaard. Uw moslimse vriend(in) leert van dichtbij zien hoe u als christen omgaat met medemensen, met geld, met tegenslagen etc. en welke rol Jezus Christus speelt in uw dagelijks leven. Het is overigens erg belangrijk dat u leert om de keuzes die u maakt te benoemen in relatie tot uw volgeling zijn van Jezus.

Uiteraard kunnen er momenten zijn waarop er sprake is van meningsverschil en confronterende vragen, maar goede vrienden weten hoe ze hier op een liefdevolle manier mee om moeten gaan. We weten dat er veel Bijbelse leerstellingen zijn die haaks staan op wat moslims geloven maar het beargumenteren van de waarheid van de Bijbel, los van de manier waarop deze waarheid gestalte krijgt in uw dagelijks leven, levert zelden blijvend resultaat op. Door hete hoofden, koude harten, weet u wellicht de discussie te winnen, maar u hebt daarbij de relatie verbroken. Jezus' spreken over het evangelie van het Koninkrijk van God ging gepaard met het zichtbaar maken van wat dat evangelie werkelijk betekende.

Hoe vaak u in uw relatie met uw moslimse vriend(in) expliciet spreekt over de kern van het evangelie is moeilijk te programmeren, maar uiteraard wilt u hier wel graag over spreken, omdat u uit liefde voor uw moslimse vriend(in), hem of haar kennis wilt laten maken met uw beste Vriend, namelijk Jezus Christus.[19] In de Bijbel zien we dat Andreas zijn broer Simon (Petrus) en Filippus zijn vriend Nathaniël bij Jezus brengt. Dit begint met het in gebed brengen van onze vriend(in), maar het kan best eindigen met het hem of haar tot Jezus mogen leiden, waarbij Jezus ook zijn Vriend wordt.

---

[19] Iemand heeft evangelisatie eens omschreven als: "Met je vrienden spreken over je beste Vriend."

LEVEN MET MOSLIMS LES 5

Gespreksvragen

1   Het gebruiken van argumenten om iemand te overtuigen van de Bijbelse boodschap is minder effectief dan het handen en voeten geven van deze Bijbelse boodschap. In hoeverre bent u het hiermee eens?

2   In 1 Corinthiërs 9:19-23 schrijft Paulus dat hij zich dienstbaar maakte aan mensen om er zoveel mogelijk te winnen. Hoe zouden we dat in onze relaties met moslims kunnen toepassen?

B   Praktische manieren om met moslims in contact te komen

In de tijd van Jezus woonden Joden en Samaritanen in hetzelfde land, maar we lezen in de Bijbel *"Joden gaan niet om met Samaritanen"*(Joh. 4:9). Dit zou vandaag de dag gezegd kunnen worden van de moslims en christenen die in hetzelfde land, dezelfde stad of zelfs dezelfde straat wonen. Hopelijk is door deze cursus uw verlangen gewekt om uw leven te delen met moslims. Maar wellicht vraagt u zich nu af: hoe begin ik? Daarom tenslotte nog enkele praktische suggesties over hoe met moslims in contact te komen.

Dit zijn slechts enkele voorbeelden van de vele mogelijkheden die er zijn om relaties op te bouwen met moslims in uw omgeving:

1   Meld u aan bij een buurtcentrum als vrijwilliger voor activiteiten voor migranten.

2   Neem contact op met een plaatselijke moskee of islamitische vereniging voor een kennismakingsgesprek en vraag of u iets voor hen kunt betekenen en/of er zaken zijn waarop u met hen kunt samenwerken. U kunt hen ook uitnodigen voor een bezoek aan de kerk.

3   Organiseer samen met de Marokkanen in uw buurt een Nederlands-Marokkaanse avond, met hapjes, kleding, muziek, om kennis te maken met elkaars culturele achtergronden.

LES 5 — LEVEN MET MOSLIMS

4. Vraag moslims in uw omgeving om gebedspunten en begin specifiek voor hen te bidden.
5. Leer eenvoudige groeten in het Arabisch, Turks, Farsi of een andere taal die de moslims in uw omgeving spreken en begin hen op straat te begroeten.
6. Biedt rondom christelijke feestdagen (b.v. Pasen, Kerstfeest) bij moslims in uw omgeving een geschenkje aan.
7. Doe regelmatig boodschappen in een Turkse supermarkt of bij een Marokkaanse bakker of slager en maak een praatje met de mensen daar.
8. Organiseer als kerk kinderprogramma's, taallessen, sportevenementen, huiswerkklassen, naailessen etc. voor islamitische kinderen, jongeren, vrouwen en mannen.
9. Neem deel aan activiteiten die gericht zijn op of georganiseerd worden door moslims/migranten.
10. Ga in de bus, metro of trein naast hen zitten en knoop een gesprek aan.
11. Zoek naar manieren om met hen samen te werken aan gemeenschappelijke maatschappelijke of sociaal problemen.
12. Zoek naar manieren om hen op een praktische manier te helpen.
13. Bezoek islamitische websites en chatrooms en ga in gesprek met hen.

C   Waar dient u op te letten in uw relatie met moslims?

Zoals hierboven al gezegd: een geloofsgesprek met moslims kan het beste plaatsvinden in de context van een relatie van liefde en respect. Het is onmogelijk om vooraf te leren wat je in elke situatie die zich tijdens een dergelijke relatie gaat voordoen, dient te zeggen en te doen. Toch kunnen we enkele algemene richtlijnen geven:

i   Hou rekening met de man/vrouw relatie. Knoop bij voorkeur een relatie aan met iemand van dezelfde sekse.

LEVEN MET MOSLIMS LES 5

ii Ga respectvol om met uw Bijbel (b.v. plak er geen stickers op, onderstreep geen gedeelten, stop niet allerlei briefjes in de Bijbel en leg deze niet op de grond)

iii Bied uw moslimse vriend(in) geen alcohol of varkensvlees aan. Veel moslims eten alleen vlees dat 'halal' is, d.w.z. geslacht volgens islamitische traditie.

iv Bid regelmatig voor uw moslimse vriend(in). Het kan geen kwaad om dat ook tegen hem of haar te zeggen en ook om gebedspunten te vragen.

v Deel uw leven met uw moslimse vriend(in), betrek hem/haar bij uw leven; wees ook betrokken bij belangrijke gebeurtenissen in zijn/haar leven.

vi Wees uzelf. Dat hou je het langste vol!

vii Wees bereid om over van alles en nog wat te spreken. Beperk uw gesprekken niet tot religieuze onderwerpen.

viii Wees vrijmoedig over uw geloof en koppel uw christelijke overtuigingen aan uw dagelijks leven.

ix Val de Islam, islamitische praktijken, Mohammed, niet aan. Wees voorzichtig met het bekritiseren van de Islam. Jezus leert ons om pas de splinter in het oog van de ander weg te doen, nadat we eerst de balk uit ons eigen oog verwijderd hebben. (Mattheus 7: 1-5) Je wordt niet wit door anderen zwart te maken.

x Begin niet een zinloze discussie (zie Paulus' waarschuwing in 2 Tim. 2:23, 24).

xi Forceer niet, maar laat de deur open voor een volgende gelegenheid.

xii Stel alles in het werk om misverstanden en vooroordelen die uw moslimse vriend(in) heeft ten aanzien van het christelijke geloof uit de weg te ruimen.

xiii Wees bereid om fouten van christenen uit het verleden (of heden!) toe te geven.

LES 5 — LEVEN MET MOSLIMS

xiv Maak gebruik van verhalen, voorbeelden om Bijbelse waarheden uit te leggen. Maak een en ander zoveel mogelijk persoonlijk. Het is beter te zeggen: "Ik geloof dat, of het is mijn overtuiging dat... dan "Het Christendom of de Protestantse kerk leert dat..."

xv Gebruik zoveel mogelijk uw persoonlijk getuigenis, niet alleen van hoe u tot geloof kwam, maar ook van antwoorden op gebed, de manier waarop God uw leven geleid heeft etc.

xvi Wandel in overeenstemming met de waarheid van het evangelie. Het moeilijkste maar tegelijkertijd het belangrijkste deel van het geloofsgesprek is dat we zelf voorbeelden zijn van de boodschap die we verkondigen.

D Een model van een ontmoeting met moslims

"En het geschiedde na drie dagen, dat zij Hem vonden in de tempel, waar Hij zat te midden der leraren, terwijl Hij naar hen hoorde en hun vragen stelde. Allen nu, die Hem hoorden, waren verbaasd over zijn verstand en zijn antwoorden." (Lukas 2: 46, 47)

We worden opgeroepen om als Christus te zijn. De hierboven geciteerde verzen zijn afkomstig uit het evangelie van Lukas, over de Heer Jezus als twaalfjarige in de tempel. Colin Chapman gebruikt deze geschiedenis als een goed model voor een ontmoeting met moslims. Hij wijst op de volgende vijf aspecten:[20]

In hun midden zitten
Hoe kunnen christenen te midden van moslims zitten? B.v. door hen thuis te bezoeken, of een bezoek te brengen aan een moskee, een islamitisch jongerencentrum of studentenvereniging; zoeken naar natuurlijke ontmoetingsplaatsen.

Luisteren
Hoe kunnen christenen naar moslims luisteren? B.v. door echt te willen leren wat zij denken. Door te willen weten hoe zij zelf hun geloof

---

[20] Colin Chapman, *Kruis en Halve Maan de uitdaging van de Islam..*

LEVEN MET MOSLIMS   LES 5

onder woorden brengen. Het betekent ook dat we ons verdiepen in hun leefwereld, dat we hun achtergronden leren, dat we leren wat het betekent in hun schoenen te staan; dat ik me verdiep in hoe ik op hen overkom. Leren luisteren niet alleen met mijn oren, maar ook met mijn hart. De wereld leren zien door hun ogen. De Bijbel maakt duidelijk dat 'de man die luistert zegevierend spreekt' (Spreuken 21:28)

Vragen stellen
Als we de eerste twee stappen gezet hebben, zijn we beter in staat goede vragen te stellen en is de kans ook groter dat deze vragen niet als bedreigend overkomen. We stellen geen vragen om de ander in verlegenheid te brengen, maar om tot een werkelijk gesprek te komen.

Begrijpen
De leraren zagen dat Jezus hen begreep. De antwoorden op onze vragen helpen ons om een beter begrip te kunnen vormen van de islam in het leven van onze moslimse vriend(in). Zo'n begip stelt ons in staat om de belangrijkste punten eruit te halen en niet afgeleid te worden in oeverloze discussies.

Beantwoorden
Als we antwoorden geven, doen we dat in antwoord op de vragen die gesteld zijn en niet op vragen waarvan wij denken dat mensen die hebben, bovendien hebben we in dit stadium ook het recht verworven om te spreken.

Opdracht

Vraag God u te leiden naar een moslim met wie u regelmatig contact kunt gaan onderhouden om in diens leven Zijn getuige te zijn.

LES 5 LEVEN MET MOSLIMS

Tenslotte

De cursus "Leven met Moslims" is voorbij. Voor verdere vragen, aanvullende informatie en vervolgstappen kunt u contact opnemen met Operatie Mobilisatie Nederland: info@sharinglives.eu of de website www.sharinglives.eu bezoeken.

In de hiernavolgende bijlage worden nog wat aanvullende materialen onder de aandacht gebracht.

LEVEN MET MOSLIMS   BIJLAGE

BIJLAGE

Hieronder nog enkele boeken, cd's en dvd's en adressen van organisaties waar u ook aanvullende informatie kunt krijgen voor omgang met moslims.

Inside Islam (DVD)

Deze dvd geeft een goed overzicht van de islam in vogelvlucht. Het start met de geboorte van de islam uit het Christendom, de vervolging van moslims gedurende de kruistochten, het leven van de profeet Mohammed en de verspreiding van de islam wereldwijd. Maar daarnaast geeft het ook een overzicht van de gebruiken en dagelijkse uitoefening van het geloof. Er is gekozen voor een combinatie van archiefmateriaal en nieuwe beelden met een sterk Amerikaanse accent, dat tot uiting komt in de behandeling van één van de islam stromingen bekend als de Nation of Islam van Malcom X en de aanslagen op 11 september 2001. Tevens worden thema's behandeld uit de Koran zoals zelfmoord en geweld. Ook zijn er veel interviews met een scala aan moslims en niet-moslims, zowel vrouwen als mannen. De islam is op dit moment de tweede grootste wereldreligie en de snelst groeiende. Een uitstekende kennismaking met de Islam. Er wordt een redelijk positief beeld geschetst van de Islam. Engels gesproken met Nederlandse ondertiteling.

De hoogste Prijs
E.F. Caner en H.E. Pruitt

Dit boek bevat twintig verhalen van jonge moslims die zich bekeerden tot het christendom. De verhalen laten zien hoe hoog de prijs is die ze moeten betalen wanneer ze Jezus' gaan volgen. Vaak worden ze door hun familie verstoten, soms zelfs bedreigd. Door de verhalen heen is te lezen hoe groot de worsteling van het loslaten van oude waarheden en van het breken met tradities is. Maar in de verhalen blijkt ook dat

BIJLAGE LEVEN MET MOSLIMS

veel van hen op zoek gingen naar de Waarheid, op het moment dat ze een christen in hun omgeving tegenkwamen die het hun voorleefde. En hoe de Bijbel hen uiteindelijk overtuigde van de onbetwistbare waarheid van het christelijk geloof.

Kruis en halve maan, de uitdaging van de Islam
Colin Chapman

Dit boek geeft op heldere en grondige wijze inzicht in de wereld van de islam, zowel religieus als politiek. Tevens gaat het in op de praktijk van de ontmoeting met moslims en is het een geschikte handleiding voor het gesprek tussen christenen en moslims. Het aantrekkelijke van dit boek is dat het de islam eerlijk en respecterend beschrijft en toch de fundamentele verschillen tussen christendom en islam niet wegpoetst en de openbaring van God in de Heilige Schrift helder laat doorklinken. Dit boek is zeer informatief en praktisch en wil lezers stimuleren om daadwerkelijk contact te leggen met moslims. Jezus' oproep om onze naaste lief te hebben houdt ook in dat we onze vooroordelen opzij zetten en de sociale, culturele en godsdienstige barrières overwinnen die ons belemmeren in een serieuze ontmoeting met moslims.

Verklaar moslims de vrede
Christine A. Mallouhi

Christenen dienen te strijden 'niet in de geest van de kruistochten, maar met een gekruisigde geest'. Gegrepen en gedreven door het evangelie van de liefde hebben Christine en haar man zich ingezet voor het bouwen van bruggen en het nemen van barrières. Met passie schrijft ze daar over. Als leidraad voor haar boek neemt ze de 'dwaze' monnik Franciscus van Assisi die, temidden van het geweld bij de 5e kruistocht in Egypte, tegendraads voor zijn eigen volk en ontwapenend voor de moslims, op de vijand afstapte. Franciscus kwam in contact met de sultan en raakte met hem in gesprek over het evangelie. Een prachtig voorbeeld dat Christine en haar man proberen te volgen

LEVEN MET MOSLIMS   BIJLAGE

in een wereld, opnieuw, vol wantrouwen en geweld. Wie de ervaringen van Christine leest, krijgt terloops veel waardevolle informatie over de islam aangereikt.

Geliefde of gevangene
Ida Glaser en Napoleon John

Dit boek beschrijft de spanning tussen de traditioneel-islamitische leer betreffende vrouwen en de manier waarop moslimfeministen hun religieuze geschriften interpreteren. De auteurs wijzen op parallellen en verschillen met de positie van christenvrouwen en bieden een Bijbelse analyse van de moeilijke positie waarin vrouwen zich bevinden. Zowel theologie als praktijk komen in het boek aan de orde, waarbij de auteurs putten uit hun eigen ervaringen in het omgaan met moslims en christenen.

Gezien of Bekeken (CD)

Gezien of bekeken is een cd-rom waarin de wereld van de Islam vanuit christelijk perspectief ruime aandacht krijgt. Deze CD bevat 37 publicaties over de Islam in relatie tot het christelijk geloof. Het gaat om oude en nieuwe boeken over de islam, de koran en de omgang tussen christenen en moslims, Bijbelstudies met het oog op moslims, getuigenissen etc. Ook bevat de CD de tekst van de Koran (vertaling van Kramers), en die van de Bijbel (NBG).

Meer dan dromen (DVD)

Deze DVD bevat vijf gedramatiseerde levensverhalen van moslims die christen zijn geworden. De getuigenissen, afkomstig uit Egypte, Iran, Turkije, Nigeria en Indonesië, worden gesproken in de taal van het land en zijn in het Nederlands ondertiteld. Elke getuigenis eindigt met een korte uitleg van het evangelie. Deze DVD is geschikt voor zowel moslims als christenen.

BIJLAGE LEVEN MET MOSLIMS

Adressen voor meer informatie en/of het kopen van bovengenoemde en andere materialen voor omgang met moslims en het uitleggen van het evangelie aan hen.

Evangelie en Moslims
Postbus 2060
3800 BC Amersfoort
tel. 033-4659290
www.evangelie-moslims.nl

Evangelielectuur Anderstaligen Service (EAS)
Postbus 369
3840 AJ Harderwijk
tel. 0341-417172
www.eas-lectuur.nl
eas@solcon.nl

Operatie Mobilisatie
Assemblageweg 9
8304 BB Emmeloord
tel. 0527-615607
www.nl.om.org
info@om.org

OM België
Fabrieksstraat 63
1930 Zaventem
tel. 32 (0)2 7207025
www.be.om.org
info.be@om.org

Belgische Evangelische Zending
Lambermontlaan 158
1030 Brussel
tel. +32 (0)2 2413015
www.bez.be
information@b-e-m.org

Bert de Ruiter (ed.)

Engaging with Muslims in Europe

In Europe one finds Christian communities and Muslim communities living in close proximity to each other. Muslims and Christians pass each other in the streets, stand next to each other waiting for the bus or metro, live next to one another in streets, share apartment buildings with each other, study in the same universities, have their lunches in the same business canteens, shop in the same shopping centres. Nevertheless, they are essentially strangers to each other. Only a small minority of Churches and Christians in Europe are engaged with Muslims through meaningful and loving relationships which provide opportunities to witness to them about the truth of God.

The European Ministry to Muslims Network of the European Leadership Forum seeks to equip the Church in Europe to relate to Muslims with a compassionate heart, an informed mind, an involved hand and a witnessing tongue. In this book members of the network and others write about their engagement with Muslims in Europe.

Pb. • pp. 112 • € 8,00
ISBN 978-3-95776-025-8

VTR Publications • Gogolstr. 33 • 90475 Nürnberg • Germany
info@vtr-online.com • http://www.vtr-online.com

Bert de Ruiter

Sharing Lives
Overcoming Our Fear of Islam

This book argues that the single greatest hindrance to Christian witness amongst Muslims in Europe is fear.

Many European Christians fear that Europe will gradually turn into Eurabia, or Islamic domination of Europe, and they ignore the efforts of Muslims to adapt to the European context, a situation pointing to a future scenario of Euro-Islam, or Islam being Europeanized. The author argues that instead of an attitude of fear, which leads to exclusion, Christians should develop an attitude of grace, which leads to embrace.

After analyzing books and courses developed to help Christians relate to Muslims, he concludes that these mostly concentrate on providing information and skills, instead of dealing with one's attitude. Because of this the author developed a short course to help Christians overcome their fear of Islam and Muslims and to encourage Christians to share their lives with Muslims and to share the truth of the Gospel.

Pb. • pp. XIII + 209 • € 14,90
ISBN 978-3-941750-22-7

VTR Publications • Gogolstr. 33 • 90475 Nürnberg • Germany
info@vtr-online.com • http://www.vtr-online.com

www.ingramcontent.com/pod-product-compliance
Lightning Source LLC
Chambersburg PA
CBHW071742040426
42446CB00012B/2443